勝負の心得

立浪和義

産業編集センター

はじめに

２０１９年4月14日、プロゴルファーのタイガー・ウッズ選手が14年ぶりにゴルフの世界４大メジャー大会の一つ、マスターズ・トーナメントで優勝を果たしました。

43歳で見事な復活を果たしたウッズ選手は、試合後のインタビューでこう語っています。

「決して諦めてはいけない。それしかないんだ」

「戦い続ければ、乗り越えられる」

ツアー80勝以上、メジャー15勝のゴルフ界の偉大なレジェンドさえ壁にぶつかり、もがき苦しんでいたのです。

しかし、彼は見事にその壁を乗り越えました。

この試合を見た私は感動し、勇気をもらいました。そして彼のインタビューを聞いて、私が現役時代に勝負の世界で戦っていた時の気持ちと共通するものを感じたのです。
「諦めずに続ける」
結局、それしかないと私も思います。

ＰＬ学園高校からドラフト1位で中日ドラゴンズに入団した私は、星野仙一監督の抜擢もあって、高卒1年目、１９８８年の開幕戦からスタメンで出場することができました。そればかりか、この年はチームの優勝や新人王獲得なども経験。プロ野球選手として、これ以上ないスタートを切ることができたのです。

しかし、何事もそんなにうまくいくものではなく、2年目に早くも試練が訪れました。肩のケガが原因でわずか30試合しか出場することができずにシーズンが終了。1年目との大きなギャップに苦しみました。

その後のプロ野球人生では、いいことも悪いことも本当にいろいろありましたが、チームとしてはリーグ優勝を4回、個人としては４８７二塁打という日本プロ野球記録を達成。決して恵まれているとはいえない体格ですが、２００９年に引退するまでの22年もの間、プロ野球選手として現役を続けることができました。

引退後は解説者としてプロ野球を外から見てきました。2013年にはWBC（ワールド・ベースボール・クラシック）に出場する日本代表チームの打撃コーチを務めました。

解説者やコーチとして選手を見る機会に恵まれ、現役時代とは違った角度から野球を見ることができたことで、今まで気づかなかったことや新しい発見がたくさんありました。

それら一つ一つが私にとってはとても貴重な経験になり、あらためて野球の奥深さを知ることができたのです。

長い間、プロ野球という勝負の世界で戦ってきました。私は決して完璧な人間ではありません。うまくいったこともありますが、うまくいかなかったこと、失敗したこともたくさんあります。しかし、その失敗から多くのことを学びました。失敗したからこそ、いろいろなことに気づくことができたのです。失敗からの気づきがあったからこそ、ここまで頑張ってくることができたといえます。

本書では、プロ野球選手を長くやらせてもらった中で得た経験と、引退後に選手とは別の視点で学んだことをもとに、勝負に勝つためにはどうすればいいか、勝つための準備の仕方や心得を、私なりにみなさんにお伝えできればと思います。

「勝つ」というのは試合やまわりとの競争に勝つということだけではありません。自分自身の心に勝つこと、壁にぶつかった時に乗り越えること、仕事で成果を出すことなど、さまざまなことを含みます。

野球はうまくいかないことのほうが多いスポーツです。私が失敗や壁をどうやって乗り越えてきたか、それをお伝えしていきたいと思います。

私が野球を通じて学んだ「心得」が、みなさんの何か役に立つことがあれば、これに勝る喜びはありません。

立浪和義

勝負の心得　目次

第1章　上達の心得

第2章　組織の心得

第3章　自分を磨く心得

第4章 プロフェッショナルの心得

※すでに引退している選手についても、現役時代のエピソードを紹介しているため、名前の後に「選手」と表記しています。

第1章

上達の心得

自分自身のパフォーマンスを上げるためにやるべきこと

上達の秘訣は、しっかりとした目的意識と継続する力

「どうやったら野球がうまくなりますか？」

野球教室をはじめとして、いろいろな場所でよく受ける質問がこれです。

答えは一つ。自分の課題と向き合って、毎日継続して練習をすることです。

例えば、一日5分でもいい。バットスイングなら一日10回でもいいと思います。とにかく継続することです。これが、野球が上達する唯一の近道だと私は考えています。

誰かに言われた通りにすればいいのではなく、自分で課題を見つけて、それに毎日取り組んでみる。

自分に足りないところ、自分の弱いところはどこなのかを見つけ、自覚すること。しっかりとした目的意識を持ち、弱点を克服する取り組みを毎日続けることは、とても大切です。

イチロー選手は愛工大名電高校時代、3年間にわたって10分の素振りを一日も欠かさずに続けたそうです。たった10分かもしれませんが、人間なら「今日はやりたくないな……」と思う日があると思います。風邪気味の時もあるでしょうし、体調が悪い時もあるでしょう。

それでも自分で決めたことは毎日欠かさず続ける。自分の課題を決めて、やり続ける力。それが彼の場合は、人一倍強かったのだと思います。

野球の場合、活躍できるかどうかは、素質や才能も大きく関係しますが、素質がある選手が継続を怠らずに努力できれば、鬼に金棒です。

私が現役を引退した後、メジャーリーグのオールスターゲームへ解説の仕事で行った時のことです。そこでイチロー選手の姿を見かけましたが、誰よりも早くグラウンドへ出て、念入りに準備体操をしてアップしている姿を見て、「ああ、やっぱりこういう準備を怠らずに続けているから、40歳を過ぎても20代のような動きができるんだな」と強く思いました。

私はベテランといわれる年齢になっても、若い頃と同じように準備を怠らずにするように気をつけていました。

しかし、人間ですから、ちょっと油断したり、ちょっと「今日はいいかな」と思ったりすることもあります。すると、それは必ずといっていいほどケガや不調につながってしまうのです。

油断して準備を怠ると、すぐに結果に跳ね返ってくる。私も何度もそういうことがありました。不調になったり、ケガをしてしまったりしてから、「ああ、また頑張らなあかんな」と思う。その繰り返しでした。

野球選手でも、億単位の年俸をもらうようになれば、ハングリー精神は薄れてくるものです。それは仕方ありません。歯を食いしばって頑張ってきた頃のような気持ちをいつまでも持ち続けることは難しいと思います。

しかし、「野球がうまくなりたい」「試合で活躍したい」という気持ちは絶対に忘れてはいけないものです。私はどんなに結果が出ようとも、この気持ちがなくなることはありませんでした。この気持ちがあったから、しんどい練習にも耐えられましたし、毎日準備を積み重ねることもできました。それは子どもの頃から、プロ野球選手を引退するまで変わりませんでした。

練習を続けることができる人、向上心を持ち続けることができる人が、最後に勝つのだと私は確信しています。

目標は、小さく立てて大きく育てる

「夢や目標は大きいほうがいい」とよく言われますが、目標があまり大きすぎると、なかなか届かないものです。実際に自分が心に抱いた大きな目標に手が届かないまま、夢を諦めてしまったり、挫折してしまったりする人も多いと思います。

大きな夢は持っていてもいいですが、大きな目標とは別に、最初の目標は小さく設定したほうがいいでしょう。ちょっと頑張ればできる、手が届くような目標を設定することがポイントです。

最初に小さな目標を設定し、達成したら次にまたハードルを少しだけ上げた目標を設定する。それを達成したら、また次の目標を設定する。その繰り返しでいいのです。

野球なら、最初は一日に素振りを10回することを目標にしてみる。続けてできるようになったら、次は一日15回にする。それができるようになったら、30回、40回にする。つまり、達成できることが大事なのです。これがいきなり一日１００回の素振りを目標として掲げると、最初の一日は達成できるかもしれませんが、疲れきってしまって、その日だけで終わってしまいかねません。

大切なのは続けること。そして、続けることを習慣にしていくことです。そのためにも、目標は小さく設定したほうがいいのです。

野球を始めた小学生の頃、私は体がとても細くてガリガリでした。まずは「体を大きくする」という目標のため、食事のたびに牛乳を飲んだり、「ウエイトベルト」という重りを手首や足首に巻いて通学したりしていました。また、毎朝学校に行く前は、家の近くにあった淀川の堤防を走っていました。

私はたまたま、コツコツと何かに取り組んでやり抜くこと、小さな目標を立てて努力をすることが好きだったのかもしれません。

この頃は「プロ野球選手になりたい」というぼんやりとした大きな夢がありましたが、それよりも「大きくなりたい」そして「野球がうまくなりたい」という目の前の目標が頑張る原動力となっていました。

プロに入った時最初に考えた目標は、「3年で一軍に定着してレギュラー」。入団後、一軍の自主トレ、キャンプに連れて行ってもらいましたが、その時はがむしゃらについていくのが精いっぱいで、入団時に掲げていた目標のことなど何も考えられない状況でした。

打率や勝利数などの数字を目安として1年の目標にする選手は多いです。目標の数字を口にして、それを励みに頑張る人もいましたし、目標の数字を言いたがらない人もいました。それは人それぞれだと思いますが、こればかりは相手もあることなので、達成できるかは最後まで分かりません。

私の場合、数字の目標もありましたが、それよりもとにかく毎年、「1年間試合に出続けること」を大きな目標にしていました。心の中で「打率3割」を目指したこともありましたが、それよりもまずレギュラーとして試合に出ることを重視していたのです。

１シーズンを通してレギュラーとして試合に出場し続けるためには、多少の成績の上下はあったとしても、常に高いレベルでプレーしなければなりません。

そのためにはコンディションを整えて、常に心身をいい状態にしておく必要があります。特にシーズン前のキャンプではきっちり準備することを心がけていました。

一生懸命頑張って、時折結果が出ると、またやる気が出る。人生はその繰り返しです。私の場合、それを繰り返してきた結果が22年の現役生活だったというわけです。

一生懸命頑張って結果が出ないと、「やっても一緒だ」と思ってしまうかもしれません。腹が立つこともあります。私にもそういう時がありました。大事なのは、そこで頑張れるかどうかです。頑張れないと成長はありません。

努力を続けられるかどうか、そのコツは一日の終わりにその日のことを振り返ることです。ヤケを起こして「もうええわ！」とやめてしまうのではなく、「どうしてうまくいかなかったのだろう？」と冷静に考えてみてください。

振り返りノートをつくり、見直す。この繰り返しが違いを生む

野球の場合、シーズン中は毎日のように試合があり、何回打席に入り、何回ヒットを打てたか、何回凡退してしまったかという具合に、その日の結果がはっきりと出ます。ですから、一日の終わりに必ずその日を振り返るという習慣をつけていました。

私の場合は一日の終わりにノートを書くようにしていました。ノートはPL学園にいた時から書いていましたが、プロに入ってからも変わらず1年目から書いていました。毎日必ず書くというわけではありませんが、何か気づいたことや忘れないでおこうと思ったことがある時にはノートに向かっていました。これは引退するま

で、ずっと続けていた習慣です。
プロ野球選手の中には打席ごとに細かくメモを取っている選手もいますが、私の場合はその打席、その試合で気をつけたことや、気づいたことなどをざっくりと、何でも記すようにしていました。

野球の世界は「３割打てば一流」とされる世界です。裏を返せば、たとえ３割打てたとしても、７割が失敗なのですから、当然反省すべきところが多くなります。打てなかった理由や、うまくいかなかった原因を振り返り、ノートに記すことが大切なのです。

ついつい反省が多くなりがちですが、うまくいっている時に感じたことを書いておくことも大切です。なぜなら、うまくいかなくなった時にノートを見返すことで、立ち直るきっかけになることがあるからです。
人は調子のいい時ほど、振り返ることを怠りがちです。野球でも調子のいい時は、ほほんとしてしまって、ごはんを食べながらお酒などを飲んで、そのまま一日を終えてしまう選手が少なくありません。しかし、それでは「なぜ自分は調子がいいのか」が分かりません。うまくいった時に、「ああ、良かったなぁ」となんとなく喜んでいるだけでは、好調は持続しませんし、成長もありません。

例えば、今まで打てていなかったピッチャーから打つことができた時、「今日はこういう意識でボールを待った」とか「こういうタイミングの取り方をした」ということを、試合後ノートに書き記していました。それまでうまくいかなかったことが、なぜうまくいくようになったのか。そこを書くのがポイントです。

書いたノートはしょっちゅう読み返していました。特にうまくいった時の日のことを中心に読み返すことが多く、悪かった時期が続いた後、良くなったきっかけを書いているところなどを読んでいました。パラパラとめくって、目が留まったところを読み返し、「ここを変えたからうまく打てるようになったのか」と気づいたことは何度もあります。自分のノートが復調のヒントになったわけです。

サラリーマンの方に応用するなら、朝、仕事に行けば、今日一日で達成すべき目標が何かあると思いますので、それがその日のうちにどれだけできたかを一日の終わりに振り返ってみればいいと思います。野球の選手に比べると一日ごとに結果が数字としてはっきり出るわけではないと思いますが、それでもうまくいったこと、いかなかったことはあるはずです。誰でも漠然と「イヤだなぁ」と思いながら仕事をしてしまうこともあるかもしれませんが、その中で良かったこと、悪かったことを振り返る時間を持つことはとても大切なことです。毎日毎日、一日も休まずそれができる人は強いと思います。

また、野球や仕事のことだけでなく、「人に対して失礼な態度をとってしまったな」と思うようなこともあるかもしれません。そういうこともノートに書くことで反省できたらいいと思います。

一日の最後に、その日のことを冷静に振り返る時間をつくる。これはとても大事なことです。そして、気づいたことを忘れないためにもノートに書く。そのノートはあなたの一生の財産になることでしょう。

努力は裏切ることもある。「もうダメだ」と思ってから本当の勝負

目標を決めて努力しようと思っても、思うような結果がともなわないと、努力を続けられなくなってしまうことがあります。

私も正直、「しんどいな」「もう、やっても一緒だな」と思ったことは何度もありました。人間ですから楽をしたくなるのは当たり前です。

しかし、幸いなことに私の場合、子どもの頃からコツコツとやることが好きな性格だったのと、目標を決めてやり遂げる癖がついていたこともあり、つらいことでもなんとか続けることができました。

それに、野球がうまくなりたいという強い気持ちが、努力を続ける大きな力になっていました。やってダメなら、しょうがない。でも、やらなくてダメだった時は

後悔しか残りません。後悔したくないからやる、という気持ちが強かったです。

野球の場合、たいして何もしていなくても結果が出る時もあります。ちょっと手を抜いていても、不思議とヒットが続いたりする。しかし、うまくいく期間は短いものです。たとえいっときいい時期があっても長く続かなければ意味がありません。シーズンは長いので、トータルでは悪い期間のほうが長くなってしまうのです。いい状態を長く続けるためには、努力し続けるしかありません。努力していても調子が悪くなってしまうこともありますが、いい時が来ることを信じて、コツコツと頑張らなければならないのです。

努力は裏切ることもあります。

例えば、野球の場合、いくら自分が一生懸命努力して練習したとしても、相手の投げたボールがたまたま打つのが難しいコースに来てしまった場合、打ち取られることがあります。相手がいることなので、自分一人の努力ではどうすることもできません。

しかし、たとえ結果が出なかったとしても、頑張ったことそのものが自分の力になります。「努力しても結果が出なければ一緒だ」と思ってしまえばそれまでのこと。成長は望めません。結果だけを求めるのではなく、続けて努力することが自分の成長につながることを忘れないでください。

頑張っていれば、必ずいいことがあります。「もうダメだ」と思ってからが本当の勝負です。諦めかけた時に、もう一回頑張れるかどうか。どんなことでも続けていれば、いつかうまくいく時が来るはず。私はそう信じています。

野球なら、なかなか結果が出なくても、努力を続けて試行錯誤していれば、急に打ち方に気づいて自分の感覚をつかむことがあります。一日、二日では無理でも、1ヵ月後に今まで打てなかったボールが急に打てるようになったりすることもあります。それこそ、努力の賜物です。

一度でもいいから、「ああ、頑張ってきて良かったな」と思えるところまで、頑張ってみてください。そういう経験があれば、たとえつまずいてしまったとしても、必ずまた頑張れると思います。

自分の言動を振り返る習慣をつけて、変化に気づく力を養う

仕事でも何でもそうですが、うまくいっている時は、どうしても有頂天になりがちです。しかし、こういう時こそ注意が必要になります。なぜなら、人は調子がいい時には自分やまわりのことを冷静に見たり、客観的に判断したりすることができなくなるからです。

いい時はずっと続くわけではありません。野球でも、自分では気づかないうちに、いつの間にか調子が悪くなってしまっていることがあります。

そういう時に、自分で変化に気づくことができるかどうか。これがとても大事になります。

例えば、スポーツでいえば「知らない間にいい時の形から変化しているな」とか、

「少し調子に乗ってしまって態度が悪くなっているな」とか、ちょっとしたことです。そういう時に「今、ちょっとダメだな……」と気づける人と、気づけない人がいます。この差はとても大きいと思います。

なぜ自分で気づかなければならないのか。それは、指導者のあり方の変化が大きく関わっています。

野球界でも、最近は選手をきちんと叱ることができる指導者が少なくなりました。みんな優しいですし、選手に気を遣っているのが分かります。特に実績を残しているような選手には厳しいことを言いにくくなっているのを感じます。

選手を褒めて伸ばすことも大事だと思いますが、指導者にとって大事なことは、選手が悪い時にきっちり悪いところを指摘できることです。

今は強く注意すると、かえって反感を持たれかねません。指摘するほうは、叱り方やそのさじ加減が非常に難しい時代になってきていると思います。ですから、もしあなたが誰かに叱られたのなら、自分を叱ってくれた人に感謝するべきでしょう。

昔は叱ってくれるような人もいましたが、今はそういう時代ではなくなっていま す。他人とのコミュニケーションの取り方が変化している今は、昔と違って、周囲 の人が指摘してくれることが減り、自分の変化に気づけない人が増えています。

だからこそ、自分で気づかなければならないのです。

調子がいい時も悪い時も自分を見失うことなく、変化に気づき対応していく能力 が、これからの時代はより求められるでしょう。

自分自身の気の緩みや、甘えに気づくことも大切です。

どんな仕事でも、ある程度緊張感を持って臨んだほうがいい結果につながること が多いと思います。いい緊張感が、任された仕事をピシッと責任を持ってやり遂げ ることにつながります。

しかし、自分自身に緊張感を与え、それを持続するのは簡単ではありません。で すから、社長でも誰でもいいですが、組織には周囲をピリッとさせる人が必要にな ります。

中日時代の星野監督は、チーム状態が悪い時、あえて主力選手を叱っていました。

チームの中心選手を叱ることで、他の選手にもメッセージを送っていたのです。そうすると叱られた選手だけでなくチーム全体がグッと締まります。

会社なら社員に、野球なら選手に。もしあなたが組織を管理する立場ならば、どんな形であれ緊張感を持たせることがとても大事だと思います。

そのような上司がまわりにいない場合は、自分で気づくしかありません。自分で気づく力をつけるには、冷静に自分の言動を振り返る習慣をつけることです。野球でも仕事でも、一日の終わりにその日を振り返って考えてみましょう。ただお酒を飲んで気分転換をするだけでは進歩はありません。

ちなみに、寝る時に布団の中に入って考えるのはあまりおすすめしません。良くない方向に考えが向かってしまうと、心と体が休まらなくなってしまうからです。

寝る前に机にノートを開き、その前に座って一日を振り返る習慣をつけるといいでしょう。

うまくいかない時に大切なのは、「変える」一歩を踏み出す勇気

うまくいかない時に、何をしていいのか分からないという方もいるかもしれません。

もちろん自分なりに考えて、いろいろ試していないとは思いますが、それでもなかなかいい結果が出ない場合、どうすればいいでしょうか。

何をすればいいか分からなくなった時、私の場合は、何かを変えるということを意識していました。どんなに小さなことでも、たった一つでもいいので何かを変えるのです。

変えることで必ずしもそれでうまくいくとは限りませんが、少なくとも今のまま

何もしない状態よりはいいと思います。何かを変えたことで、そこから思ってもみなかった発見があるかもしれません。

動かないより、動くこと。まずは一歩踏み出す勇気が必要ではないでしょうか。

うまくいっている時は、なぜうまくいっているのかを考えました。うまくいっている時が少しでも長く続くようにするためです。悪い時の原因は誰でも考えますが、いい時に考える人は意外と少ないと思います。私はいい時でも悪い時でも、なぜうまくいっているのか、どうすればもっとうまくいくのか、ということを常に考えていました。これはプロに入る前からの習慣です。

「ノート」の項目でもふれましたが、「今日はここを意識したからいい結果が出た」というように、その日良かったことをノートに書くようにしていました。調子が悪くなった時に良かった時のノートを見て、原因を探したり、良くなった時のきっかけを探ったりするのです。

野球のバッティングは毎日のようにいろいろと微妙に変えるので、きちんとメモしておかないとポイントが分からなくなります。人は一日のうちに聞いたことの70%をその日のうちに忘れるという話を聞いたことがあります。ですからささいなことでも、きちんと記録しておく必要があるのです。

ノートの書き方は、どんな形式でもいいと思います。私の場合はいいことに限らず、ノートには気がついたことをひたすら何でも書いていきました。決まったまとめ方をするとそれに縛られて、ノートをつけることが窮屈になるため、きっちりと決めたまとめ方はしていませんでした。自分が一番継続しやすいやり方で書いていくのがいいでしょう。

ノートは何かを変える時のヒントにもなります。時にはノートをうまく使いながら、取り組んでいることがうまくいかない時は何かを変えてみることを恐れないようにしましょう。

トライ・アンド・エラーを繰り返しながら前に進んでいってください。

ミスをした時は、少しずつでも結果を出し続けることで乗り越える

「プラス思考」という言葉をよく聞きます。

失敗してしまったり、落ち込んでしまったりした時に、気持ちを前向きに切り替えたり、物事をポジティブに受け止めよう、という意味なのだそうです。

もちろん、どんな時も気持ちをプラスに切り替えて考えることができれば一番いいのでしょうが、実際プラスに考えることは、そんなに簡単ではありません。

私も試合でミスをしてしまった時は、なんとか取り返そうと必死になりましたが、焦れば焦るほどなかなかうまくいかないものでした。

サラリーマンの方でも同じだと思いますが、ミスをしてしまった時に気持ちを切

り替えようとしても、そうはうまくはいきません。それに、仕事はこちらを待ってくれません。ミスをしてもしなくても、仕事は毎日のようにあります。「今日は会社に行きたくないな」と思ってもそういうわけにはいかないでしょう。

気分を切り替えられないのなら、少しでも早く結果を出して自分の気持ちを楽にするしかありません。いい結果こそが最良の薬です。

しかし、早く結果を出すことは大切ですが、決して焦ってはいけません。すべてを一度に取り返すことは難しいので、私の場合は少しずつでも取り返すという気持ちで試合に臨んでいました。

ずっと結果が出ていなくても、当たり損ないのヒットが1本出るだけで、まったく気分が変わります。どん詰まりでも当たり損ないでもヒットはヒット。気持ちに少し余裕ができた状態でその後の打席に臨むことができました。

力んだり、気持ちに焦りがあったりするとうまくいかないものです。少しずつ結果を出していくことがミスから早く立ち直るコツです。

思うような結果が出なくても、考えることをやめてはいけない

体の具合が悪くなくても、試合でヒットが出ない時があります。原因がわからないまま、スランプに陥ってしまうのです。調子が戻るまで休むことができればいいのですが、試合は毎日のようにあり、復調するまで待ってはくれません。

私の場合、バッティングの調子が悪い時は、タイミングの取り方を変えてみようとか、今度はこうやって打ってみようとか、どうすれば調子が良くなるのかを常に考えていました。

とにかく毎日、常に考える。そして考えたことを試す。うまくいかなければ、また考える。その繰り返しでした。とても根気がいる作業なので、シーズン中はまったく気が休まりませんでした。

シーズンが始まると大きく打ち方を変えたり、ピッチャーであれば投球フォームを変えたりすることは難しいので、選手は日々小さなところを変化させています。

私が現役の頃も、バッティングでは構えた時にバットの位置をグリップエンド１つ分下げるとか、始動のタイミングを変えるとか、本当に小さな部分を変えていました。はたから見ると微妙な変化なため、何も変わっていないように見えたかもしれませんが、自分の中では変化させていたのです。

振り自体は変わっていないように見えるので、打てないことが続くと、「また同じ失敗をしている。工夫がない」と見られてしまいがちですが、実際は毎日のように考えて工夫を続けていました。

しかし、調子が悪い時はこうした日々の工夫も裏目に出てしまうことがあります。必要以上にいろいろなところを変えてしまって、ますます打てなくなってしまうこともあるので注意が必要です。

日々の試行錯誤の中で、ある時こんなことがありました。宿で翌日の試合の準備をしている最中、たまたまメジャーリーグの試合に出ていたニューヨーク・ヤンキースの捕手、ポサダ選手の打席を見ました。彼のタイミングの取り方はすごくシンプルで絶対に体が前にいきません。とにかくボールを体に引きつけて打つのです。

それを見た後の試合で、そのイメージを持って打席に入ったところ、4打数4安打という結果が出たのです。そこからは勢いに乗って、調子を取り戻すことができました。

常にどうすればいいかを考え続けていたからこそ、何気ない瞬間に気づくことができたのだと思います。

思うような結果が出ない時でも、常に考えることをやめてはいけないのです。

ケガをした時も、現実を受け入れて最善を尽くせば光が差す

22年。小さな体でこれだけ長い間、プロ野球選手として本当によくやれたと自分でも思います。

入団１年目のキャンプでは毎日のようにノックを受け、猛練習に耐え、気がつけば体重が５キロも減っていました。オープン戦を終え、開幕してからはプロのボールにまったく手も足も出ないということはありませんでしたが、体力面では明らかにプロについていけませんでした。シーズン中はただがむしゃらにやっていましたが、次第に体がしんどくなり、思うように動かなくなっていました。

プロ野球は毎日のように試合があります。その数は高校までの試合数とは比べものになりません。１年目は１１０試合に出場できましたが、夏にはバテてしまい、

夏場以降は調子がどんどん下がっていきました。6月には2割9分あった打率が、最終的には2割2分3厘まで落ちてしまったのです。自分としては決して満足のいく数字ではありませんでした。

幸運にもオールスターに選出され、リーグ優勝も経験することができましたが、体力不足をまざまざと感じることとなった1年目でした。

体力不足を感じるだけではありませんでした。シーズンの途中からは右肩が痛くなり、終盤にはまともにボールが投げられないほど痛みがひどい状態になっていました。開幕前のキャンプ中にバランスを崩して右手をついた時に肩を痛めたのですが、シーズン中にヘッドスライディングで帰塁した時、また同じ場所を痛めてしまったのです。

オフの間に良くなるだろうと思っていましたが、まったく状態は良くなりませんでした。痛みがひどく、ボールを投げることすらできません。結局、2年目は二軍からスタートすることになりました。

とにかく早く治そうと思い、何度も何度も治療を行いました。いろいろな人からアドバイスをもらい、あまりに痛みがとれない時はありとあらゆる種類の治療を受けました。いいといわれるものは何でも試しましたが、中には蜂の針を肩に刺すという治療もありました。早く治したかったので、先生にどんどん打ってほしいと頼んだところ、その日の夜に高熱が出てしまった、なんてこともありました。

手術という選択肢もありましたが、最終的には肩のまわりの筋力を鍛えれば治るというアドバイスを受けて、筋肉をつけるトレーニングを集中的に行いました。時間がかかりましたが、９月頃にはようやく痛みも和らぎ、ボールを投げられる状態になって、なんとか一軍に復帰することができました。

半年以上ボールが投げられなかったのは、精神的にも本当につらかったです。一向に良くならない肩の状態に、「このまま終わってしまったらどうしよう」と不安に駆られましたが、「まだ野球がやりたい」「もう一度大勢のファンの方が見守ってくれる華やかな舞台に立ちたい」という強い思いのおかげで頑張ることができました。１年目に一軍の舞台を経験できたので、「もう一度そこに戻りたい」という明確なイメージができたことが大きかったと思います。

これほど長い間、試合に出られないというのは初めての経験でしたが、「長くプロとしてやっていくための体力をつけなさい」という報せだったような気がします。

入団してからずっとショートを守っていましたが、5年目からはショートからセカンドにポジションを変えてもらいました。肩に不安を抱えていたため、この年から監督に就任した高木守道さんに自らコンバートを願い出たのです。

少しでもセカンドの動きを身につけようとして、キャンプでは猛練習を重ねました。すると今度は、練習中に右前腕に痛みを感じたのです。この痛みはオープン戦が終わっても取れず、そのまま開幕を迎えることになりました。

開幕戦は痛み止めの注射を打って出場しました。ある程度キャリアを積んでいたこともあり、高木監督からは調整を任されていましたので、痛みで試合に出られないということは絶対に避けたかったのです。

開幕戦は無事に勝利しました。決勝打となるホームランも打つことができ、最高の気分に浸っていました。

しかし、そんな気分も長くは続きませんでした。試合後、右腕をアイシングするため、氷が入ったバケツにそのまま腕を突っ込みました。ものすごく冷たかったのですが、炎症を抑えようと我慢して冷やし続けたところ、バケツから手を出したら指が動かなくなっていました。冷やしすぎて凍傷になってしまったのです。小指、薬指、中指は動くようになりましたが、しばらく経っても人差し指だけは思うように動きません。これではボールが投げられないため、治療をするために再び一軍を離れることになってしまいました。

結局、一軍に復帰するのに約１ヵ月半の時間がかかりました。その後も、後遺症で指先の感覚は麻痺したままで、完全に治ることはありませんでした。実は今でも寒い時は指が少し痛みます。

自分の犯したミスを悔やみましたが、悔やんでばかりいても仕方ありません。現実を受け入れ、最善を尽くすしかないと気持ちを切り替えて、このハンディキャップを乗り越えていこうと決めたのです。

指先の感覚が麻痺していることで、普段よりも丁寧に注意しながらプレーをしなければいけない状況がプラスに働いたのか、翌1993年6月11日からシーズン終了まで一度もエラーをすることなく、シーズン守備率9割9分7厘、712回連続守備機会無失策という記録につながりました。

プロ生活で長い間、登録を抹消されたのは、この2回だけです。もちろん、ケガをしないことに越したことはありませんが、たとえケガをしてしまったとしても、そこで諦めずに事実を受け入れ、頑張り続けることで、自分をいい方向に導くこともできるのです。

自分の「型」をつくることから始めて、そこから高みを目指す

何事においても、まずはしっかりとした自分の基礎をつくることが大事です。自分の基礎とは、言い換えれば「自分らしさ」であり、自分の「型」です。

これは自分で見つけなければなりません。そのためには、たくさんの練習や試合の経験の中から、これというものをつかむ必要があります。

例えば、営業マンならば、たくさんの経験を積み、その中からこうすればうまくいくという自分の営業の「型」を見つけるのです。

自分を見つめ、よく考えないと「型」は見つかりません。自分のことを理解した上で、自分の良さを活かせる一番合ったスタイルを見つけてください。

しっかりと自分の基礎をつくった上で、より高みを目指していくのがいいでしょ

う。

自分の「型」がないまま、他人のアドバイスばかり聞くのは危険です。

プロ野球の世界でも、入団したての頃は良かったのに、他人のアドバイスを受け入れすぎたために形を崩し、活躍できないままやめていく選手を何人も見てきました。

基礎ができていないと、他の人からアドバイスを聞いたとしても、うまく自分のものにはできません。アドバイスをあれもこれも取り入れた結果、最初に持っていたいいところまで失ってしまうということは少なくありません。アドバイスに振り回されてしまうのです。

大事なのは自分の「型」となる基礎をつくった上で、さらに成長するために柔軟に他人の意見を聞いて取り入れることです。

勘違いしてはいけないのは、自分の「型」を信念として持つことと、人の意見を聞き入れない頑固さは別物だということです。ただの頑固者では成長できません。

成長のためには素直な心も必要なのです。

私と中日で一緒にプレーした荒木雅博選手は守備の名手というイメージが強いですが、２０１７年には一流打者の証しである２０００本安打を達成しています。

彼は新人時代、足が速くてボールを捕ることもうまかったのですが、バッティングに関しては非力でした。それでも、とにかく根気よく練習を続けていました。

荒木選手は一見素直そうに見えますが、実際は頑固なところがありました。他人からアドバイスをされても、必要がないと思えば聞いているふりをしていたように思います。おそらく、自分にとって役に立つ部分だけを吸収していたのでしょう。

一つの信念を持って、自分なりの努力を積み重ねたからこそ、あそこまでの選手になれたのだと思います。

「自分の確固たる信念を貫く心」と「人のアドバイスを受け入れる素直な心」とのバランスが大事です。まずはしっかりとした自分の「型」をつくるところから始めてみてください。

朝の時間を有効に使い、自分の心を鍛える

しっかり眠った後の朝起きたばかりの時間は、やる気がみなぎっているものです。私はその時間を利用して、自分の課題に取り組んでいました。

最初は小学生の頃。2つ上の兄の影響で、少年野球チームの茨木ナニワボーイズに入団しました。私は体が小さかったのでなんとか大きくなりたいと思い、家で筋トレをしたり、朝早く起きて学校に行く前に淀川の河川敷を毎日ランニングしたりしていました。とにかく野球がうまくなりたいという思いも強かったので、努力することは苦になりませんでした。

ＰＬ学園時代、特に下級生の頃は、毎日練習と厳しい寮生活でくたくたでした。寮は付き人制で、１年生が３年生の身の回りの手伝いをすべてやることになっていました。夕食の時は先輩たちの食事が終わるまで立って待っていなければなりません。夕食が終わると食器洗いと洗濯です。洗濯機の数には限りがあるため、１年生同士で取り合いのケンカになりました。すべて終わるまで寝られなかったので、みんな必死でした。

そんな毎日でしたので、朝が強い私ですが、高校時代は目覚ましをかけていても朝、きちんと起きられるか心配で仕方ありませんでした。

プロに入った後は、試合のスケジュールが不規則だったこともあり、朝起きる時間は特に決めていませんでした。

シーズン中は朝起きると、試合がある日は憂鬱で仕方なかったものです。何日もヒットが出ていないような時は、目が覚めてもなかなか布団から出ることができません。

逆に調子がいい時や、活躍した次の日の朝などはパッとすぐに起きられました。

サヨナラホームランを打った翌朝などは、パチッと目が覚めてスパッとベッドから出てくることができました。何事も気持ち次第ですね。ちなみに引退した今は、長く寝たいと思っても年のせいか朝早くに勝手に目が覚めてしまいます。

引退して野球をやめてからは、朝の時間に本を読むようにしていました。本を読み始めるのは、目が覚めて少し落ち着いてから。引退後はビジネスマンの方と会う機会が多いこともあり、ビジネス書をよく読んでいました。パナソニックの創業者で「経営の神様」とも呼ばれた松下幸之助さんや、京セラの創業者である稲盛和夫さんの本を読んで、多くのことを学びました。

朝というのは誰でも眠いもので、起きるのは大変です。自分の心が一番弱い朝に、5分でも10分でも早く起きて、自分のためになることをしてみてください。読書でも散歩でも何でもいいと思います。その時間に頑張ることができれば、自分の心が鍛えられるのではないでしょうか。

結果を出すために必要なのは、不安を取り除くための入念な準備

試合に勝つため、試合で結果を出すためには、しっかりと準備をすることが大切です。

一番大事な準備は、もちろん「練習」です。

基本的に練習でできないことは、試合でもできません。練習をしっかり行い、「これで大丈夫だ」という自信を持って試合に臨むべきでしょう。練習が不十分なまま、不安を抱えて試合に臨んでも、いい結果は得られません。自分を信じることができるまで、練習を積んでから試合に臨むことが理想です。

体のケアも大事です。

若い時は体がよく動いたので、試合前に体の準備に気を遣うことはあまりなかったのですが、腰やヒザが悪くなったことに加えて、30歳を過ぎたあたりからはケガをしやすい年齢になったこともあり、試合前には入念に準備を行うようになりました。

まずサウナに入って体を温め、時間をかけてストレッチをしてからグラウンドに出ることを欠かさずにしていました。体が温まっている時にストレッチをするほうが効果的です。

ヒザが不安な時はまわりの筋肉を鍛えるようにしていました。ウエイトトレーニングはケガをしないため、筋力が落ちていそうな場所を保護するために行います。マッサージもきちんと受けるようにしていました。どれも基本的なことばかりですが、毎日欠かさず続けていました。

試合前に特別にゲンを担ぐようなことをするルーティンはありませんでしたが、ホームランやヒットを打った日の次の日は同じ道を通って球場入りするなど、なんとなく意識をして行動することはあったと思います。

それよりも体のケアのためにやらなければならないことがいくつもあったので、結果的に毎日同じような準備をして試合に臨んでいました。

毎日のように同じ準備をしているので、一度やり始めたことはやらないと気が済まなくなります。一つでも忘れてしまうと「今日はあれをしていなかったから打てなかったのか」と考えてしまうのです。フリーバッティングなどの練習でも同じです。いろいろな打法があるのですが、はじめはこの打ち方をして、次はこの打ち方をしてと、練習方法は決まっていました。

試合前はコーチに提案されたメニューではなく、自分自身で考えたメニューを元に準備していました。特に30歳を過ぎると日によって体が動く日と動かない日があったので、自分のその日の体の状態と照らし合わせながら調整するほうが良かったのです。

レギュラーの頃、本拠地でのナイターの場合は午後2時頃に球場に入っていましたが、代打になってからはレギュラーの頃よりも早く球場に入ってランニングをしていました。これも大切な準備です。

表向きには体力が衰えないようにするためと、体の準備のためということにしていましたが、本当のところは自分の気持ちを奮い立たせるために走っていました。

レギュラーを外され、代打で苦しい思いをしていた状況をなんとかしたいという一心でした。高校時代に毎朝グラウンドのまわりの草むしりをしていたように、野球の神様は必ず見ていると信じて自分を鼓舞していたのです。

野球に限らず、「これをやっておけば大丈夫」という準備の方法を早く自分で見つけるといいでしょう。やるべきことをやっておけば、本番での心のあり方がずいぶん変わってくるはずです。

緊張する時は心配しすぎず、目の前のことに集中する

スポーツでも仕事でも緊張するような場面は必ずあります。

そのような状況では「うまくいかなかったらどうしよう」と先の心配をするのではなく、今、目の前のことに集中するのがいいでしょう。

私の場合、現役当時は意識していませんでしたが、試合前に毎日同じ動作をすることで、余計なことを考えずに試合に臨むことができていたように思います。試合前の行動はだいたい決まっており、練習が終わるとロッカーに戻り、アンダーシャツを着替えて……といつも同じ流れで試合を迎えていました。サラリーマンの方も、朝起きてから出勤するまでの行動は毎日だいたい同じではないでしょうか。

中日では山本昌さんとロッカーが隣同士でした。山本さんは先発登板する試合が始まる前、ロッカーでグラブを磨いていましたが、あれほどの実績と経験のある選手からでも、試合前は緊張している様子が伝わってきました。おそらくグラブを磨くというルーティンで自分を落ち着かせていたのだと思います。その最中は自分の世界に入り込んでいる雰囲気を感じていたので、こちらから話しかけることはほとんどありませんでした。

このような空気がピンと張り詰めたような緊張感は絶対にあったほうがいいと思います。試合前にヘラヘラと笑っているような選手は、私が見ている限り大成していません。

緊張の度合いは試合の内容や状況などによってまったく違うので、コントロールすることができません。私の過去の経験から考えると、緊張感がありすぎる時は、ものすごくいい結果が出るか、悪い結果が出るかのどちらかになりがちでした。

例えば、注目を集める巨人戦では、普段出ないようなミスが続出するということもめずらしくありませんでした。まだ地上波のテレビ中継が多かった時代のことです。

一番分かりやすい例が、あの「10・8」の試合でしょう。1994年10月8日の中日対巨人の一戦は、シーズン最終戦で勝ったほうが優勝するというプロ野球史上初の試合でした。

あの試合では今まで経験したことがないような異様な盛り上がりを感じました。プロ野球中継史上最高の視聴率48・8％を記録したことからも当時の注目度の高さがうかがえます。長嶋茂雄監督による「国民的行事」という表現がぴったりでした。あらためて当時の映像を見ると、攻撃時のけん制アウトやアウトカウントを間違えてランナーが飛び出すなど、中日は信じられないようなミスを連発していました。まさにミスのオンパレードで、これでは勝てるわけがありません。日本中が注目する異常な緊張感に選手たちが飲まれてしまったのです。

一方で、巨人戦のように注目を浴びる試合では、普段の試合では考えられないぐらい活躍する選手も少なくありませんでした。緊張感が普段の力以上の何かを引き出しているのでしょう。巨人戦に強いといわれる選手がいるのは、そういった理由からだと思います。

注目を集める試合になればなるほど緊張感が高まります。「平常心を保て」というのは無理な話です。

大切なのは緊張感の中の冷静さです。

気合だけが入っていても、冷静な判断ができないようでは結果を残せません。私も気合を入れて臨んだ試合の後、家に帰って冷静に振り返ると、ありえない配球の予想をしていて驚くことが少なくありませんでした。試合中に気合が入ってカーッと集中している時でも、相手ピッチャーの配球を正確に予想できるぐらいの冷静さがあるのが理想です。

最近、よく若い選手のインタビューなどで「楽しんでやりたい」という言葉を聞きます。

どうせ緊張するなら気持ちを切り替えて、楽しみながらプレーしたい、という意味なのでしょう。それができればいいのですが、私の経験では楽しんで試合をすることなどできませんでした。

若い時なら怖いもの知らずで、自分に自信もあるため、楽しんでプレーできるかもしれませんが、長い間プロの世界にいると、とてもではありませんがそんな言葉は出てこなくなります。

キャリアが長くなり、たくさんの失敗を重ねるようになると、失敗したくないという気持ちが強くなってポジティブに考えることが難しくなります。とにかく失敗しないようにというプレッシャーの中で戦っているのです。

試合の中で「楽しい」という感覚が味わえるのは、ヒットなどのいい結果が出て少しホッとできた時ぐらいでしょうか。楽しみながらプレーするのもいいですが、勝負にはピリッとした緊張感が必要だと私は考えています。

緊張感がなければいいパフォーマンスは発揮できません。しかし、過度な緊張感に押し潰されてしまわないよう、自分なりの準備の方法を見つけておきましょう。

休息の効用を最大限活かし、パフォーマンスを上げる

プロ野球選手はそれぞれ球団と契約している個人事業主であるため、1年1年が勝負です。成績が悪ければ、最悪の場合、来年度の契約はしてもらえません。いい成績が出せた年は、オフも気持ちよく迎えることができます。

少し大げさかもしれませんが、私が1年間、厳しいシーズンを戦い抜くモチベーションは、いいオフを過ごすことにあったといってもいいぐらいです。

もちろんオフでも野球のことは頭から離れることはありませんが、少しの間、野球から離れることで、また野球がやりたいという気持ちになることができました。これもオフの期間があるからこそだと思います。

オフがあるから気持ちをリセットできますし、毎年新鮮な気持ちで野球に取り組むことができます。心を充電するオフは、とても大切な時間なのです。

この時期、私は趣味のゴルフをするのが何よりの楽しみでした。大好きなゴルフをたくさんすると気持ちが満たされ、「また頑張ろう」という気が起こります。

今の選手は、シーズン終了後もまとまった休みを取らずに練習をしています。なんとなく練習をしていないと不安な気持ちになったり、みんなが練習しているから自分もやらなければならないという気持ちになったりするのかもしれません。

最近、取材でナゴヤ球場に行きましたが、中日の二軍選手が朝早くから夜遅くまで練習していました。若い時は特に練習をしなければならない時期ではありますが、時間だけが長くメリハリのない練習のやり方を見ていて、本当にこれでうまくなるのかと疑問に感じました。

練習は長時間すればいいというものではありません。目的をしっかりと考えて、メリハリをつけた練習をすることが大切です。

若い時は体の成長の時期でもあります。ハードすぎる練習ばかりでは体がどんどん痩せてしまって、大きくなりません。そういう視点からも、頑張る時と休む時をしっかりと意識してメリハリをつけることが大切になります。

オフの間、長く休むのが心配なら1週間でも2週間でもいいでしょう。それぐらいの期間、練習をしなかったとしても、活躍に大きく影響してくるとは思えません。実際、最近のオフがない状況での練習で、すごく伸びた若い選手が昔に比べて多いかといえば、決してそうではないと思います。

体を休めることは絶対に必要ですし、心のリラックスも大切です。オフは自分を振り返るいい機会にもなります。頑張ることも大切ですが、ずっと頑張ったままでは息が詰まってしまうでしょう。

これは野球選手に限ったことではありません。誰にとっても休息は必要です。頑張る時と休む時を意識してメリハリをつけ、休む時は思い切って休むことが必要だと思います。

とはいえ、シーズン中は毎日が必死でメリハリをつけるのはとても難しく、私自身も人に胸を張っていえるような生活はできていませんでした。ですから余計に、時間のコントロールがしやすいシーズンオフの時期にメリハリをつけて効率よく練習し、しっかり休息をとってから、新しい気持ちで次のシーズンを迎えるようにしたいものです。

自分で考える癖をつけて、問題解決力を高める

期待されて入団してきた選手が2〜3年結果が出ないと、まわりからいろいろなことを言われるようになります。期待されているがゆえに、いろいろな人がいろいろなアドバイスを送ってくれるのですが、あまりにアドバイスが多いと次第に頭の中がごちゃごちゃになりがちです。

思うような結果が出ない時に、スポーツ選手ならコーチに、サラリーマンであれば上司にアドバイスを求めるのは悪いことではありませんが、基本的には自分でしっかりと考えて解決を目指していくことが大切です。何も考えず、すぐにアドバイスをもらう癖がついてしまうと、いつまでたっても自分自身で問題を解決する力が養われず、後々苦労することになります。

私は子どもの頃から体が小さかったため、どうすれば体の大きな人に勝つことができるか、何をすればいいのかをいつも考えていました。そのおかげで自分の強みや弱みが明確になり、やるべきことが明らかになったのです。そして、考える癖が自然と身につきました。

小学4年生で野球を始めて、今まで多くの人にバッティングを教えてもらいました。その時々のコーチからさまざまなアドバイスをもらいましたが、すべてをそのまま取り入れるのではなく、その都度自分の頭で考え、きちんとアドバイスを理解、消化して自分のものにしてきました。

子どもの頃に身についた、いろいろ考えて工夫する習慣は、その後もとても役に立っていると思っています。

ＰＬ学園時代、学校の伝統で入学したての1年生でもシートノックを受けることができました。もちろん最初は上級生から始まり、下級生は自分の番が回ってくるまで後ろから先輩の守備を見ることになります。この時、先輩たちの動きを背後から見ることで、守備の面で大切な多くのことを学ぶことができました。

打つほうは、他人のバッティングを見ながら研究し、自分でどうすればいいかを考えていました。

プロに入ってからは、自分と似たタイプの選手でお手本となるような人を見つけてはよく観察するようにしていました。打席に入っている時とは限りません。ネクストバッターズサークルに入って準備している時なども、参考にできるところはありました。タイミングを合わせながらバットを振っているだけに見えるかもしれませんが、あの場所では特に自分が意識している動きを確認している選手が多いのです。そういった準備中の動きを観察すると、意識しなければならないポイントがよく分かります。

ですから、いろいろな方に教えていただきましたが、他の人を見て学んだことも多いので、私には特定の「バッティングの師」という人がいないのです。

ピッチャーはバッターに打たれまいと、どのコースにどんな球種のボールを投げるのかなど、いろいろなことを考えて投球してきます。バッターは打ちたければ当然そのピッチャーの考えよりもさらに上を行かなければなりません。レギュラーになりたいと思うなら、そのためにはどうすればいいかを考える必要があります。相手に勝つためにも、うまくなるためにも、自分で考えることが必要になるのです。

こういうことからも、「考える癖を身につけること」がいかに大切なのかが分かっていただけると思います。

とはいえ、決して人に聞くことが悪いというわけではありませんので、その点は誤解しないようにしてください。

私の場合、バッティングについては、あまり人に聞きに行くタイプではありませんでしたが、たまにコーチや他の選手に質問をすることもありました。一方、守備については、バッティングに比べると比較的コーチから教わることが多かったです。

プロの選手は特にプライドの高い人が多いので、人の意見を聞くことに抵抗を感じる人も少なくありません。しかし、自分だけではどうしても分からないことや、解決できないことについては、素直に人の意見を聞くことが大切です。人に聞くことはまったく恥ずかしいことではありません。

「聞くは一時の恥、聞かぬは一生の恥」です。

コツコツとやり抜く習慣をつけて、根気強さをものにする

野球の世界に限らず、ある世界で成功しようと思ったら、何事も根気よくやることが大切です。言い換えれば、根気よく続けられる人が成功するのです。

続けるためには、自分の決めたことをコツコツとやる習慣をつけることです。そういう習慣のない人が、何事かを継続してやらなければならない状況になった時や、自分からやろうと思った時に、急に頑張ろうと思っても長続きはしません。

よく、「根気よくやりなさい」と子どもを叱る親がいます。しかし、何も訓練されていない状況でいきなり「根気よくやりなさい」と言われても、できるはずがありません。逆にコツコツやり抜く習慣があれば、何事も根気よく続けることは難しいことではありません。

そのためにも子どもの頃に、成果が出るまで何かをやり続ける体験をさせてあげることが大事だと思います。成功体験があれば、次も頑張ろうと思うからです。

名選手と呼ばれる選手は、このコツコツと継続する力を持っている人が多いです。

ＰＬ学園時代の清原和博さん（元西武ライオンズ、読売ジャイアンツ、オリックス・バファローズ）は全体の練習が終わった後も、毎日欠かさず室内でバッティング練習をしていました。あの才能の塊のような人がコツコツ努力を続ける姿を見て、非常に驚いたものです。

中日の井端弘和選手と荒木雅博選手も、とにかくよく練習していました。２人ともプロ野球選手としてはそこまで恵まれた体格ではありませんでしたが、コツコツと練習を積み重ねたことで一流の選手にまでなれたのです。

先にも書いた通り、私は子どもの頃から目標達成のためにコツコツ努力するのが好きでした。しかし、年齢が30代の半ばを過ぎると根気もだんだんと薄れていくのを感じました。根気とは、体力と気力が充実している若い頃のほうがあるものなのです。

30歳、40歳を過ぎて、根気よく基本の反復練習を続けることができるかどうか。プロ野球で長く活躍できた人は、みんなこれができています。

根気よく続けるには強い気持ちが必要です。どんなに才能を持った人でも、「やり抜いてみせる」という気持ちが薄いと、高いレベルで成功することは難しいでしょう。

続けるということは簡単なことではありません。すぐに結果が出ないこともあります。何度失敗しても、いつか必ずうまくいくという強い気持ちを持ってください。

「足」を使うことが、すべての守備の土台となる

少し野球の専門的な話になりますが、ここでは守備についてお話しします。

私は現役時代、ゴールデングラブ賞を5回いただいています。しかし、守備については決して自信があったわけではありません。時には自分のところにボールが飛んでこないようにと心の中で祈っていたこともありました。

自信がなかったということもあり、守備が上達するようにうまい選手のプレーをしっかり観察していました。当然、練習も積んできました。その中でつかんだ私なりに守備で大切だと思うことをご紹介します。

守備では派手なファインプレーに目が行きがちですが、最も大切なのはピッチャ

ーが打ち取った打球を確実にアウトにすることです。

そのために大事なのは基本です。

では、守備の基本とは何かというと、よく言われる「足で捕って、足で投げる」守備だと考えます。私も現役時代は足を使った守備を心がけていました。

打球を正面に入って捕ることも基本の一つです。

宮本慎也選手（元東京ヤクルトスワローズ）はまさに基本に忠実な守備をする代表選手でした。彼が長い間、ショートという大変なポジションでレギュラーとして試合に出続けられたのは、足を使った守備をしていたからだと思います。もし、足を使わず、楽をしてボールを逆シングルで捕ってばかりいたら、下半身の衰えが早く訪れて19年もの間、活躍することはできなかったでしょう。

守備では一歩目のスタートも大事です。

私が入団した当時、中日の本拠地であるナゴヤ球場は内野が土のグラウンドでした。特に土のグラウンドの場合、バッターが打った打球を捕る時に、その場で待てば待つほどイレギュラーの可能性が高まるので、なるべく前に出て打球を捕るように気をつけていました。

1997年に本拠地がナゴヤドームに変わり、人工芝の球場になってからは比較的前に出なくても打球をさばきやすくなりましたが、それでも私のように肩が強くない選手は、待って捕球するよりも前に出て打球を捕るべきです。

一歩目をスタートする時に気をつけて見ていたのは、内角外角などピッチャーの投げるコースと、バッターの打ち方の特徴やスイングです。これらをよく観察し、打球が飛んできそうな位置を予測して動き出していました。

現役選手では、埼玉西武ライオンズのショート、源田壮亮選手の一歩目のスタートが素晴らしいと思います。守備範囲も広く、捕球から送球までしっかりと足を使って守備をしています。今のプロ野球の内野手の中ではトップ3に入る守備力だといっていいでしょう。

ちなみに、土の球場で有名なのは甲子園球場ですが、内野のグラウンドの質だけでいえば、甲子園球場よりもナゴヤ球場のほうが良かったと思います。

甲子園は高校野球で使用した後、土が柔らかくなりすぎてランナーがたくさん出た時などはすぐに地面に穴が開いてしまうのです。その点、ナゴヤ球場はちょうどいい土の硬さで、穴が開くこともありませんでした。硬すぎず、柔らかすぎず、非常にプレーしやすい球場でした。

新たな本拠地となったナゴヤドームは、内野グラウンドが人工芝だったので、最初の頃は「ふかふかしていいなぁ」と思っていましたが、しばらくプレーを続けるうちにヒザを痛めてしまいました。柔らかい人工芝で足がグラグラ動いてしまい、それが原因でヒザに水が溜まってしまったのです。

さらにヒザを痛めた後、腰も痛めてしまいました。人工芝は土と違ってイレギュラーをしないという良さはありますが、体への負担は大きくなります。慣れない人工芝でプレーしたことで体がガタガタになってしまい、ナゴヤドームになってからの最初の3年間はバッティングの成績も低迷してしまいました。

守備では一度エラーをすると、次もまたエラーしてしまうのではと思って動きが硬くなってしまいます。ミスをしてはいけないと思えば思うほど、余計にミスをしてしまうものです。

そういう時は、開き直って思い切ったプレーをすればいいと思います。技術的なミスは練習して改善すればいい。そう考えて、「開き直り」の精神で乗り切ってみてください。

土台、基礎をしっかりつくることは、何事においても大切です。守備で大事な「足」、つまり下半身を鍛え、しっかりした土台をつくりましょう。

守備練習は打撃練習に比べると地味でしんどいかもしれませんが、何度も何度も基本を繰り返すことでしかうまくなりません。根気よく続けることが大事です。

バッティングで大切なのは「間《ま》」の取り方

続いて、バッティングについてお話しします。

シンプルにいえば、ボールを呼び込んで、しっかり打つ。バッティングはそれに尽きると思います。そのためにどういう構えで、どういうタイミングで動くかということを考えるのです。

タイミングを取る時に気をつけたいのは「間《ま》」の取り方です。間というのは、バッターがバットを構えて軸足に体重を乗せてから、ピッチャー側の足が地面につくまでのわずかな時間のことです。

この間が長いバッターはいいバッターです。間がゆったり取れれば、それだけピッチャーのボールをしっかりと手元に呼び込むことができます。

イチロー選手と話す機会があった時、バッティングで気をつけていることを聞いたことがありますが、その時も、右足を地面につくまでの間の取り方だと言っていました。

間の取り方以外にも、現役時代の最後のほうは、ステップが絶対に広くならないように気をつけていました。ステップの幅が広くなると体が回転しづらくなります。回転不足だとバットに十分な力を伝えることができません。

次に、ボールの待ち方について。

私の経験からいえば、基本的にはストレートを待つ意識で変化球に対応するバッティングが理想です。変化球狙いでは、ストレートが来た時にスイングの始動が遅れる危険性があります。しかし、仮にストレートを待っていて変化球が来たとしても、しっかりと軸足に体重を乗せてタメをつくることができれば対応することは可能です。

配球を学ぶことも大切です。

変化球を待っていてストレートに対応することは容易ではありません。それができるような人はいいのですが、そうではないバッターは配球を学んで次のボールを予測する必要があります。

毎回同じようなボールに空振りしてしまう選手は、まわりから「あの選手は何も考えていない」と言われても仕方ありません。実際、思った以上に何も考えずにプレーをしている選手が多いと感じます。

少し考えるだけで大きく変わる可能性があるのですから、何も考えずにプレーするのは非常にもったいないと言わざるをえません。

最後に、バッティングのスランプ脱出方法についてお話しします。

私は30歳を過ぎてから、「ボールを呼び込んで、しっかり打つ」というシンプルな考えで、ずっと理想のバッティングを追い求めてプレーをしていました。

これは自分の中の最も大切なことであり、原点です。

打てない時はいろいろなことを考えすぎて遠回りしてしまうことがよくありますが、そんな時に大事なのは原点に立ち戻って努力することなのです。

引退する前年の２００８年のシーズンは、開幕から19打席もヒットが出ませんでした。すべて代打での出場でしたので、19試合ヒットが出なかったことになります。ヒットが出なければ、「今後もずっと打てないのではないか」と不安になりますし、バッターボックスに入った時もヒットコースが狭く見えたりするものです。

私の場合、こういう時は普段からいつも自分のことを見てくれているバッティングピッチャーの方にアドバイスをもらいに行ったり、スコアラーの方と一緒にビデオを見たりして、スランプ脱出の糸口を見つけていました。

また、下半身のキレを出すため、気分をリセットするために、球場の外野フェンス沿いを走ったり、短い距離をダッシュしたりしていました。

黙々と走り込みをしていると、自然に無心となり、新鮮な気分になります。それまで難しく考えていたことが抜け落ちていき、白紙の状態に戻っていくような感覚になって、「よし、今日もまた頑張ろう」という気分になるのです。

これも私にとっての原点です。

スランプに陥った時は、自分の原点に立ち戻ることが大切なのだと思います。

駆け引き上手になるには、相手をよく知ること

現役時代、たくさんのピッチャーと対戦してきましたが、どうしてもタイミングが合わないという相手はいるものです。そんな相手と対戦する時は、ステップをしないノーステップで打ったり、足の上げ方を変えたりと、いろいろな工夫をしてタイミングを合わせにいきましたが、それでもなかなかうまくいきません。

一度、相手に「このバッターは得意だな」と思われたら、ピッチャーも気持ちが楽になるのか、急にいいボールを投げてくるようになるものです。

また、野球とは不思議なもので、自分の調子が悪い時や、苦手なピッチャーの時に限って、どうしても手が出ないようないいボールが来ることもあります。逆に自分の調子がいい時や、相性のいいピッチャーが投げている時は、勝手に相手が警戒

してストライクが入らなくなり、カウントを悪くして甘いボールを投げてきたりすることもありました。

ですから、自分の調子が悪い時には、それを悟られないようにすることが大切です。相手に飲まれてはいけないので、調子が悪いという仕草や雰囲気は出さないようにする。相手のピッチャーに弱みを見せてはいけません。

バッターもピッチャーも、目に見えない心の動きをお互い悟られないようにするための駆け引きが重要なのです。

駆け引きといえばキャッチャーです。キャッチャーは常に相手のバッターと駆け引きをしながら、一球一球配球を考えてピッチャーにサインを出します。

キャッチャーのリードの良し悪しが試合の結果に大きく影響してくるというのは、みなさんもご存知の通りです。別の言い方をすれば、リードがうまいキャッチャーのいるチームは強くなります。

ヤクルトスワローズ（現東京ヤクルトスワローズ）の黄金期を支えた古田敦也さんや、中日でチームメイトだった谷繁元信選手は、リードがうまいキャッチャーの代表格です。

古田さんはバッターの苦手なところを徹底的に突いてくるキャッチャー、谷繁選手はバッターの裏をかく駆け引きがうまいキャッチャーでした。

２人に共通するのは、インコースの使い方のうまさです。

ほとんどのバッターはインコースを攻められるのを嫌います。ボールをぶつけられるのが怖いということもありますが、インコースを意識するとアウトコースのボールに対応できなくなるという理由が大きいです。古田さんも谷繁選手もインコースを意識させる駆け引きが抜群に上手でした。

チームを指揮する監督にも駆け引きが上手な方がいます。

選手時代に戦ったチームでは、やはりヤクルトの野村克也監督のすごさをいつも感じていました。とにかく野球のことを知り尽くしている監督です。

戦っている時に嫌な監督は、相手の嫌がることをする監督です。投手の継投にしても、攻撃面での采配にしても、「これをやられたら厄介だな」と思ったことを必ずしてくるのです。

例えば、僅差でリードされているような場面でも、野村監督は相手が嫌がるようにわざわざワンポイントリリーフを投入してきました。今日の試合で負けたとしても、明日の試合に影響が出るように、バッターを封じ込めておくのです。

徹底的に相手の嫌がる野球をするという点では、中日の落合博満監督も野村監督とよく似ていました。落合監督はメディアへの発言などで奇抜な発想をしている印象があるかもしれませんが、実際は実に堅実でまっとうな采配をしていたと思います。

プロ野球の世界では、投げて、打って、守るという技術だけでなく、目に見えないところでさまざまな駆け引きがあります。

駆け引き上手になるためには、その世界のこと、対峙する相手のことをよく知らなければなりません。これは野球に限ったことではなく、どんな世界でもいえることだと思います。

そのためには、よく相手のことを観察し、ノートなどを活用して研究してみてください。苦手な相手でも攻略の糸口が見えてくるようになるはずです。

第2章

組織の心得

勝つためのチームづくりに必要なことと指導者の役割

勝負の厳しさを教えてくれた星野監督

星野仙一監督に初めてお会いしたのは入団会見の時です。
身長173センチと小さい体の私を心配する記者に向かって、星野監督が「男の大小は、体の大小で決まるものじゃない。肝っ玉で決まるんだ」と言ってくれたことをよく覚えています。

私はもともと南海ホークス（現福岡ソフトバンクホークス）からドラフト1位指名を受ける予定でしたが、土壇場で中日も指名することが分かり、スカウトの方を通じて星野監督から「来る気があったら、俺がくじを引いてやる」という言葉をもらっていました。ドラフト会議では本当に星野監督が交渉権確定のくじを引き当ててくれたので、「名古屋とは縁がある」と感じたことを覚えています。

星野監督はとにかく厳しい人でした。人間こんなにも怒れるものか、というほど毎日怒っていました。

厳しいだけではなく、厳しさの中にも愛情を感じさせる監督でした。「もう使わんぞ！」と怒った選手に次の日必ずチャンスを与えるなど、基本は怒っているのですが、フォローもする。すると、使ってもらった選手はなんとか期待に応えようと必死になる。選手はたまに褒められるのがうれしくて頑張るのです。

また、選手とともに戦っていた監督でもありました。甲子園球場では、雨の日はベンチに雨よけの庇《ひさし》を出すことができますが、選手が気を遣って雨よけを出そうとすると「そんなものいらん！」とものすごい剣幕で怒るのです。星野監督は選手と一緒に雨に濡れながらベンチで戦っていました。

監督なのですから、濡れない場所で試合を見ていればいいのですが、そういうちょっとしたことが、選手からの信頼につながっていたのだと思います。

私が1年目の時です。オールスターまではほとんど休みがなかった中で、試合のない移動日の月曜日に1年先輩のキャッチャー、中村武志選手と一緒に練習をしていました。すると、休みにもかかわらず星野監督が練習を見に来てくれていたのです。監督のそういった姿を見ると、選手は「この人のために頑張ろう！」と思うものです。

星野監督は、私もそうだったと思いますが、福留孝介選手（現阪神タイガース、元中日ドラゴンズ）など、これはと思った選手を我慢強く起用し続ける監督でした。何度もゴールデングラブ賞を受賞している福留選手ですが、入団当初は本当によくエラーをしていました。それでも星野監督は粘り強く試合に出し続け、試合を通じて選手を育てていきました。

大変気の短い監督でしたが、選手の起用に関しては我慢強い人だったのです。

勝負に関しては一切の妥協がなく、本当に厳しい人でした。そのことを物語るエピソードは数限りなくありますが、1つだけご紹介します。

POST CARD

料金受取人払郵便

小石川局承認

9109

差出有効期間
2021 年
11 月 30 日まで
(切手不要)

112-8790

127

東京都文京区千石 4-39-17

株式会社　産業編集センター

出版部　行

★この度はご購読をありがとうございました。
お預かりした個人情報は、今後の本作りの参考にさせていただきます。
お客様の個人情報は法律で定められている場合を除き、ご本人の同意を得ず第三者に提供することはありません。また、個人情報管理の業務委託はいたしません。詳細につきましては、「個人情報問合せ窓口」(TEL：03-5395-5311〈平日 10:00 ～ 17:00〉)にお問い合わせいただくか「個人情報の取り扱いについて」(http://www.shc.co.jp/company/privacy/)をご確認ください。

※上記ご確認いただき、ご承諾いただける方は下記にご記入の上、ご送付ください。

株式会社 産業編集センター　個人情報保護管理者

氏名《ふりがな》

(男・女／　　　歳)

ご住所　〒

TEL：

E-mail：

新刊情報を DM・メールなどでご案内してもよろしいですか？	□可　□不可
ご感想を広告などに使用してもよろしいですか？	□実名で可　□匿名で可　□不可

ご購入ありがとうございました。ぜひご意見をお聞かせください。

■ お買い上げいただいた本のタイトル

ご購入日：　　　年　月　日　書店名：

■ 本書をどうやってお知りになりましたか？

□ 書店で実物を見て
□ 新聞・雑誌・ウェブサイト（媒体名　　　）
□ テレビ・ラジオ（番組名　　　）
□ その他（　　　）

■ お買い求めの動機を教えてください（複数回答可）

□ タイトル　□ 著者　□ 帯　□ 装丁　□ テーマ　□ 内容　□ 広告・書評
□ その他（　　　）

■ 本書へのご意見・ご感想をお聞かせください

■ よくご覧になる新聞、雑誌、ウェブサイト、テレビ、よくお聞きになるラジオなどを教えてください

■ ご興味をお持ちのテーマや人物などを教えてください

ご記入ありがとうございました。

中日の勝利がほぼ決まりかけていた試合でのできごとです。その時、投げていた落合英二投手が相手に1点を取られてしまいました。大差で勝っていた状況にもかかわらず、ベンチに戻った落合投手は星野監督にすさまじい剣幕で怒られました。

星野監督はこう怒鳴ったのです。

「相手を倒すだけではダメだ！　ねじ伏せなければダメなんだ！」

ただ単純に勝てばいいということではなく、勝ち方にもこだわっていたのです。今後の試合のことも見据え、どういう勝ち方をしなければならないのかを考えていたのだと思います。

「ユニフォームは戦闘服だ！」と星野監督はいつも言っていました。多くのことを教えてもらいましたが、勝負の世界の厳しさ、勝ちに対する執念を若い時に植えつけてもらえたのは、本当に良かったと思っています。

私は星野監督の教えがあったから、厳しいプロの世界でやっていくことができました。感謝してもしきれません。

仲良し意識よりもライバル意識がチームを強くする

当たり前ですが、野球というスポーツはチームスポーツですから、一人ではできません。チームの中には仲のいい人もいれば、気が合わない人もいるでしょう。チーム全員の仲がいいに越したことはありませんが、実際はそういったチームはまれだと思います。

試合に勝つためにチームが一つになることは大切ですが、チームが仲良しであればいいというわけではありません。

野球に限らず、団体競技をしている選手が、よく「チームのためにプレーします」と言っているのを聞きますが、必ずしも本心がそうであるとは限らないと思います。

結局、プロの世界は自分が活躍しないと生き残っていけません。チームが勝つことは重要ですが、自分が生き残っていくためには、試合に出て活躍することが必要となるからです。

森祇晶《まさあき》監督が率いた、常勝軍団だった頃の西武ライオンズ（現埼玉西武ライオンズ）が、そういう集団でした。秋山幸二選手、清原和博選手、デストラーデ選手、辻発彦選手らそうそうたる選手がスタメンに名を連ね、はたから見ると、とてもチームワークがいいように見えましたが、内情を聞くと決して「仲良し集団」ではなかったようです。

例えば、ある選手がホームランを打つと、まわりの選手たちは「なんだ、あいつばかり打ちやがって」と言っていたというのです。そこには、選手個人がお互いに競い合う、いい意味での争いがあります。チーム内で選手同士のライバル意識が強く、「あいつばかりに活躍させてなるものか、俺のほうが活躍して目立ってやる」という気持ちを持った選手が多かったそうです。

それでいて、ここぞという試合では勝利に向かって一致団結する。いつもは我の強い選手が、自分を殺して一人のランナーを確実に進め、点をもぎとっていく。そういうプレーは徹底していました。

チームが強いとまわりから「チームワークがいい」「仲がいい」と言われることがあります。しかし、チームワークがいいからといって、個人的にみんな仲がいいとは限りません。

チームとしてしっかりと結果が出せれば、必ずしも個人個人が仲良しである必要はありません。結果を残すことができれば、それでいい。なぜならプロだからです。チームメイト同士で一緒に食事に行ったりする必要もないと思います。私が現役だった頃も、野手同士、ピッチャー同士が仲良く食事に行ったりするのを、ちょっと不思議な気持ちで見ていました。

野手の場合、誰かがレギュラーになれば、代わりに誰かがレギュラーから外れてしまいます。ピッチャーの場合、誰かがローテーションに入れば、誰かがローテーションから落ちてしまう。プロとしてチーム内で厳しい争いが常にあるのに、なぜ仲良くしているのだろう？　と思っていたのです。

私はとにかく試合に出続けたい、絶対に休みたくないと思っていました。自分が試合を休んでいる間に出場した選手が活躍したら、すぐにレギュラーの座を奪われてしまうからです。それぐらいの意識で毎日プレーしていました。

高校野球とは違い、プロは結果で年俸が決まり、選手はそれぞれ家庭を持っていて、家族を養っています。いい生活ができるかどうかも結果次第です。

もちろん他のチームメイトに迷惑をかけるようなことがあってはいけませんが、必要以上にチームメイトと仲良くしなければならないということもありません。プロの世界では自分の役割を果たし、結果を出すことが大切なのです。

サラリーマンの方も、仕事の結果によって給料が決まります。そういう点では、プロ野球選手と同じです。最近は仕事そのものよりも、職場の人と仲良くすること、つまり人間関係を優先する人も多いようです。仲良くするのはいいと思いますが、仕事でしっかりと自分の役割を果たすことをおろそかにしてはいけません。

指導者にとって大切なのは、叱るタイミングと叱り方

次に、指導者についてお話しします。

プロ野球選手はプロの世界に入ってきた以上、誰でもその世界で成功したいと思っているはずです。

新しく入社した社会人の方たちも同じで、入ったからにはその会社で成功したいと思っていることでしょう。

プロフェッショナルとは、辞書によると「ある物事を職業として行い、それで生計を立てている人」という意味だそうです。野球に限らず、お金をもらうということはプロだということです。どんな職業でもそうだと思いますが、プロとしてやっていくのは簡単なことではありません。

指導者の役割は、新しくプロの世界に入ってきた人がそこで生きていくためにその世界の厳しさを教え、プロとしての自覚を持たせることです。

そのためには最初が肝心です。はじめは誰しも緊張感を持っていますし、素直な気持ちもあります。そこで指導者はプロの厳しさをしっかりと教えなければなりません。上司や先輩の言うことを素直に受け入れる心構えがある最初の段階で、きっちり教え込むことが最も効果的なのです。

最初に甘やかしてしまったことで、「このくらいでいいんだ」と思ってしまった人の意識を途中から変えることは簡単ではありません。慣れてきたり、実績を残したりすると、他人のアドバイスを聞き入れなくなるのが人の常だからです。また、急に厳しくすると反発されることもあります。

厳しいところから、甘いところ、緩いところへ行くのは簡単ですが、その逆、甘いところから急に厳しいところへ行くのは大変です。

私はプロ入りした直後から、星野監督にプロ野球の厳しさを徹底的に叩き込まれました。そのおかげで、たくさんの試練を乗り越えることができたと思っています。

プロに入って最初に厳しい監督にめぐり合えて、本当に良かったと心から思います。

体育会系の代表のようなプロ野球の世界でも、最近は叱る人が本当に少なくなりました。叱られることに慣れていない選手が増えていたり、叱ると反感を買ってしまうと思って選手を注意できない指導者が増えていたりするようです。

うまく叱ることはとても難しいことですが、叱ってくれる人というのは、叱られる側からすると、本当にありがたい存在です。褒めて伸ばすというやり方もいいとは思いますが、悪い時にきちんと叱るのは大事なことです。厳しく指摘してくれる人がまわりにいるということは、その人にとってとても幸せなことだと思います。

また、組織には適度な緊張感が必要です。人は緊張感がないと、どうしても自分に甘えてしまいます。そうならないためにも、組織をピリッと引き締める人が必要になります。これは指導者だけでなく、選手の中にもそのような役割を果たすことができる人がいるといいでしょう。

先述の通り、その点でも星野監督は非常に上手でした。あえて主力選手をみんなの前で叱ることでチームを引き締めていたのです。私も何度みんなの前で怒られたか分かりません。

会社でも同じだと思います。適度な緊張感があったほうがいい仕事につながります。しかし、組織の中にいる人が自分で緊張感を持ちながら仕事を進められる人ばかりとは限りません。ですからどんな形であれ、現場にはある程度の緊張感を持たせることが必要でしょう。

指導者にとって、「最初にしっかり指導する」、「悪い時にきちんと指摘する」、「緊張感を持たせる」、この３つを徹底することが特に大事だと思います。

チームリーダーにはチームを引き締める厳しさが必要

ＰＬ学園では、後輩の指導に関してはキャプテンに権限がありました。私は3年生の時にキャプテンに選ばれましたが、私が後輩を叱る時は、「練習中に元気がない時」、「やれと言ったことをやっていなかった時」の2つだけでした。

下級生の時に理不尽なことでたくさん怒られましたから、自分は矛盾したことで下級生を怒ったりしないように気をつけていました。同学年のチームメイトが「そろそろ1年生をシメなあかん」とあおってくることもありましたが、キャプテンの権限で「もう少し我慢してやろうや」となだめることもありました。

伝統は大事ですが、明らかにおかしなことは変える勇気も必要です。

当時、ＰＬ学園の伝統で、夏でも寮では長袖を着なければならないというものがあり、ＯＢの小早川毅彦さん（元広島東洋カープ、ヤクルトスワローズ）や吉村禎章さん（元読売ジャイアンツ）の時代から受け継がれている先輩のジャージを着ていたのです。また、下級生は風呂場で椅子を使ってはいけないというルールもありました。

このように明らかにおかしい、必要のないルールは私の代で変えてしまいました。

チームメイトとはともに甲子園を目指して頑張ってきましたが、ベンチ入りできる選手の数は決まっています。当然ながら、メンバーに選ばれない選手も出てくることになります。

みんな甲子園に出たくて高校に入学したわけですから、メンバー漏れした選手は相当ショックだったはずです。ですから、私はベンチ入りメンバーから外れてしまった選手には、積極的に声をかけるようにしていました。

通常、メンバーから外れた選手は、最後の夏になると気持ちが入らなくなってしまいがちです。しかし、甲子園ではベンチに入れなかった選手も最後まで一生懸命応援し、一緒に戦ってくれました。その姿を見た時に、キャプテンをやってきて良かったと心から思いました。

ＰＬ学園でキャプテンをやらせてもらったことは、私にとって本当に得難い経験になりました。それまでは自分のことだけを考えて野球をやってきましたが、キャプテンになれば当然チーム全体のことを考えなければなりません。まわりを見ることや、気遣いの大切さを知ることができました。

1年生の時はケンカばかりしていたメンバーを果たしてまとめられるだろうかと不安でしたが、みんなに支えられて甲子園の春夏連覇を達成することができたのです。

中日では1999年から5年間、選手会長を務めました。通常2～3年で交代することが多いので、5年という期間はかなり長いほうだと思います。

チームの中にはそれぞれ仲のいい選手がいると思いますが、できるだけ派閥のようなものはつくらないほうがいいと思い、なるべく多くの選手とコミュニケーションを取るようにして選手たちが偏って集まらないように気をつけていました。

普段、接する機会が少ないピッチャーとも積極的に話をするようにしていました。野手には分からないピッチャーの考えを少しでも知っておいたほうがいいと思ったからです。特に何ということのない雑談でしたが、話しかけるのとまったく話しかけないのでは、大きな違いがあると思います。

私が入団した頃は、若手と中堅やベテランの選手が話すことはほとんどありませんでした。当時、中日で活躍していた小松辰雄さんや宇野勝さんなどはまだ30歳ぐらいでしたが、ものすごく貫禄があってとても話しかけられるような雰囲気ではなかったのです。

最近は比較的和気あいあいとした雰囲気のチームが多いと思います。選手同士の距離が近いのはいいことですが、単なる仲良し集団になってはいけません。戦う集団であるためには、監督やコーチだけでなく選手の中にもチームをピリッとさせる存在が必要です。

選手がミスをした時、お互いに慰め合ってばかりではいけません。チームは引き締まらないと強くならないと私は考えます。個人の成長も同じです。

チームリーダーはミスした選手を慰めたり、励ましたりするばかりではなく、時にはチームメイトを厳しく叱咤することも必要です。

例えば、前日の試合でバントを失敗した選手が、試合前にバントの練習もせずにマンガを読んでだらけていたら、当然注意しなければなりません。そういう当たり前のことを注意する人が今はあまりいない気がします。そんなことではチームは強くなりません。

チームリーダーはチームのために、ダメなことはダメだと言える厳しさを持っていてほしいと思います。

コーチは口を出しすぎず、選手に考えさせることが大切

中日では最後の2年間、打撃コーチを兼任しました。当たり前の話ですが、教える時には、その選手がどうしたらうまくできるかを考えるのですが、そこが一番難しいところでした。

教えてすぐにできる選手もいれば、まったくできない選手もいます。すぐにできるようになる選手というのは、一言で言ってしまえばセンスがいいのです。相手の言っていることを正しく理解し、それを正確に実行することができるセンスを持っているということです。

これは兼任コーチ時代の話ではありませんが、中日時代にチームメイトだった鉄

平選手は印象に残っている選手の一人です。彼はバッティングセンスがよく、飲み込みも早い選手でした。

トレードで東北楽天ゴールデンイーグルスへ移籍すると知った時は、「こんなにいい選手なのに」と驚きましたが、当時の中日の外野手は福留選手やアレックス選手などが活躍していて層が厚く、鉄平選手はなかなか出場機会に恵まれなかったので仕方ありません。

東北楽天に入団してからは首位打者を獲得するなど大活躍しましたが、中日時代に感じたセンスの良さと飲み込みの早さから考えると、彼の活躍は当然と思えるものでした。

教えたことがすぐに実行できるセンスのある選手がいる一方で、教えたことがなかなかできるようにならない不器用な選手もいます。

そういう選手の場合、できるようになるまでに時間はかかりますが、一度技術を身につけると長く自分のものにしていける人が多いのも事実です。おそらく何度も何度も繰り返すことで、知らないうちにしっかりと体に記憶された状態になるからではないかと思います。

一番困ってしまうのは、コーチのアドバイスを取り入れて新しいことに取り組んでいるのに、それが形にならないまま、別のことをしてしまう選手です。

子どもの頃から続けていたバッティングを変えるわけですから、一朝一夕で形になるわけがありません。ある程度、根気よく続けなければならないのですが、試合で結果が出ないと、やろうとしていることがまだできていないのに新しいことを始めてしまうのです。結局、そういう選手はレギュラーを取れません。

「ここだけは絶対に直さなければならない」と自分のことをよく理解している選手、自分の信念を持って根気よく欠点に向き合っている選手は、たとえ不器用でもレギュラーを取るチャンスが十分あると思います。

コーチとしてやるべきことは、選手に「自分は何をするべきか」という自覚を持たせることだと私は考えています。それを説明して分からせることがコーチの仕事です。

選手は技術的なトレーニングも大切ですが、頭を使うトレーニングもしなければなりません。兼任コーチになってから若い選手と接していて、「こんなに考えずにプレーしているのか」と驚いたことも少なからずありました。

先にも言いましたが、打席に入った時に変化球を待っていてストレートに対応できる選手なら、それでいいと思いますが、それができないのであればもっと配球の勉強をする必要があります。

考えていないのだったら、考えるようにする。少し勉強して考え方を変えれば、今まで空振りしていた球がチャンスボールに変わることもあります。そういうことを伝えるのがコーチなのです。

コーチなので1回は選手に言いますが、あとは自分で考えるようにしなければなりません。毎回のようにコーチが口を出していたら、選手が自ら考えて成長する機会がなくなってしまいます。1回だけ言う。それ以上は口出しせずに相手の自主性を見守る。それがコーチとして大切なことだと考えています。

強いチームづくりに必要なのは、強化ポイントをしっかりと見極めること

野球の場合、どんなチームが強いかというと、非常にシンプルです。センターラインがしっかりしているチームが強い。

ピッチャーとキャッチャー、セカンドとショート、そしてセンター。このセンターラインの強化はチームづくりの基本です。ここさえしっかりすれば、ファーストとサード、ライトとレフトという両サイドは外国人選手の補強でも十分まかなえます。

チームの柱となるエースピッチャーと4番バッターもしっかりした存在が必要です。エースが勝てばチームは波に乗りますし、4番が終盤に勝ち越しのホームラン

を打てばそのまま勝ちに結びつくことが多くなります。それだけ、エースと4番がチームに与える影響は大きいのです。

野球の場合はセンターライン、エース、4番の強化が重要ですが、会社の組織もどこを強化すればいいかを見極めることが重要だと思います。

すべての人材を一流にすることは不可能なので、どこを強化ポイントにするのかをしっかりと見極めて組織づくりをしていく必要があるのではないでしょうか。

組織は目標に向かって、全員が同じ方向を向いていることが理想です。

いつも、全員が同じ方向を向くことは難しいかもしれませんが、ここぞという時には一致団結して同じ方向を向いて進むことができる組織にしていくことが大事だと思います。

プロ野球は、親会社があり、球団があって、チームがあります。それらの組織全体が同じ方向を向いていれば、そのチームは強くなります。そのためには現場の監督、コーチ、選手らと、球団を運営するフロントの風通しを良くしなければなりません。

中日の場合、星野監督の時は、オーナーが星野監督に完全に任せてくれていたので、チームは自然に同じ方向を向いて戦うことができていました。落合監督の時も同じです。やはり、そういう時は強かったです。

夏場や夏以降、シーズンの中で大事な試合がいくつかありますが、その時にはチーム全体が集中して戦うことが大切です。

そのためにはピリッとした緊張感とともに、指導者が「こういう方針でやる」という姿勢を貫き、チームに浸透させなければなりません。指導者の方針がころころと変わっていたら、選手は不安になってしまいます。いいものはいい、悪いものは悪いとはっきり示すことが重要になります。

優勝という目的を達成するための方針をしっかりと示すことが大切なのです。

中日が強かった時代は、選手個人がしっかりと自立していました。一人一人がチーム内で何をしなければならないのか、自分の役割を自覚していたように思います。

レギュラーも相手のピッチャーの左右の違いで入れ替える程度でほぼ不動でした。そういうチームは強いですし、指導者もやりやすかったと思います。

野球の監督の場合、引き受けたチームの状況によるとは思いますが、すぐに強いチームをつくるのは簡単なことではありません。

短期間で選手を育てることは難しいので、チームづくりの際、はじめからある程度いい選手がそろっていたほうが有利なのは確かです。短期間で強いチームをつくるには、実力のある選手が何人かそろっていないと難しい。あの野村監督でさえ、ヤクルトの監督に就任した年の順位は5位、優勝するのに3年かかりました。

監督は結果を出すことが求められますが、2〜3年の短い契約で結果を出さなければならないとなると、選手をじっくり育てながら戦うことが難しくなります。

短い期間でチームを強くするため、積極的に補強を行うことは理にかなっていると思います。ただし、大きなお金が動くので、現場から要望してもフロントが動かなければ補強はできません。

ここ何年間の中日は、選手を育てている途上だと思いますが、2〜3年で監督が交代しています。これでは選手を育てるのが難しいですし、短期間でチームを強くするのも難しいです。任されている監督もつらいでしょう。

今の中日が浮上するためには準備期間も含めて、ある程度の時間が必要だと感じています。大きな補強がない以上、現場の監督、コーチ、選手からフロントまでが同じ方向を向き、その上でじっくり腰を据えて選手を育てる必要があるからです。

また、しばらく優勝争いから遠ざかると、チーム全体で負けることに対して抵抗がなくなってきます。これは大変危険です。勝負に勝つには、勝利に対して貪欲なチームをつくることが何よりも必要だと思います。

指導者は相手の個性を見極め、自分の成功体験を押しつけない

現役時代に活躍した人の中には、指導者になった時、自分が現役の頃にうまくいったやり方をそのまま選手に教える人がいます。しかし、それは少し違うと思います。

選手一人一人、体格やタイミングの取り方などが違うので、自分がうまくいった型がそのまま指導する選手に当てはまるかといえば、決してそうではないのです。

教えられた選手は、真面目な選手ほど素直にいろいろなアドバイスを受け入れようとしますが、たくさんのアドバイスを聞きすぎると、それまでの長所すらなくなってしまうことが起こりがちです。

そうならないために、選手自身は自分でしっかりと自分を理解し、アドバイスの中で受け入れるものと受け入れないものを判断していくことが重要になります。しかし、それは選手にとっては簡単なことではありません。目上のコーチが教えてくれることを、聞き流すことができる若い選手は多くないでしょう。だからこそ、経験豊富な教える立場の人が気をつけてあげる必要があります。

教えるほうは、選手一人一人が持っている個性を活かすことが大切になると思います。よく言われる「長所を伸ばすか、短所を直すか」ということであれば、基本的に長所を伸ばす方向がいいでしょう。あとは「ここだけは直したほうがいい」という、どうしても直さなければならない欠点を指摘していくことです。

私が中日で兼任コーチをしていた頃は、教えることの難しさを非常に感じていました。口でアドバイスをするだけなら簡単ですが、コーチである以上、具体的な練習方法を考え、選手ができるようになるまで根気強く見守り続けなければなりません。頭で理解できても、体で表現できない選手もたくさんいました。そこを選手と一緒に乗り越えていくのが、コーチの役割だと私は考えます。

その当時、教えていた平田良介選手などが今活躍している姿を見ると、とてもうれしく思います。バッティングでは体のタメが重要なので、当時は冗談半分で「壁がないと金がたまらん」と言っていました。「壁」とは体を開かないまま打つ時にできる姿勢のことです。彼はもともと才能があった選手ですが、最近は安定した結果が出せるようになってきています。欲をいえば、もう少しホームランを打ってほしいのですが……。

ここでお話ししたことは、ビジネスの世界でも同じことがいえると思います。

上司の成功体験をそのまま部下に伝えて同じようにやらせようとしても、今と昔では時代も違いますし、社会も変化しています。かつて成功した方法と同じやり方で必ずしも成功するとは限りません。

相手のことを理解し、さらにその時代の流れにも合わせながら、その人、その時に合った臨機応変な指導が求められるのです。

第3章

自分を磨く心得

人として成長するための
自分の磨き方

人としても一流になることが人生を豊かにする

私が現役だった頃、活躍し始めた何人かの中日の若手選手にこう話したことがあります。

「野球選手として一流になって認められることが大事だが、人としても一流として認められるようになってほしい。そのためにも、まわりの人たちを大事にしないと、長く野球はできないよ」

選手たちは素直に聞いてくれていましたが、実際、若い時にこういう話はなかなか耳に入らないものです。私もある程度年齢を重ねるまでは、なかなか考えられませんでした。頭では分かったつもりでいても、本当の意味で理解するまでには時間がかかります。

「人としても一流」ということは、突き詰めると人の内面、つまり「人間性」が優れているかどうかということになります。礼儀正しく振る舞えているか、自分勝手になっていないか、などがそれをはかる基準だと私は考えます。

人間性は、そのまま野球に取り組む姿勢に表れます。すごい才能を持って騒がれながらプロに入ってきたのに、そのまま芽が出ずに終わってしまった選手をたくさん見てきました。若い選手を見て、将来レギュラーになると思うかどうかは、やはり人間性の部分が大きく関わっていると思います。才能はもちろん大事ですが、人間性が低い選手はなかなか活躍できません。

ほとんどの選手は野球をやめた後の人生の方が長いのですから、野球だけ一流であればいいというわけにはいきません。プロ野球選手の中で私は現役生活が長い方でしたが、それでも22年。残りの人生のほうがずっと長いわけです。

野球をやっている間は活躍さえすれば、まわりからチヤホヤされますが、その感覚のままで現役を引退すると、人から見向きされなくなり、まわりから誰もいなくなってしまうなんてことになりかねません。引退後、寂しい生活にならないためにも、人間性を磨くことが大事なのです。

私は子どもの頃からずっと野球をやってきて、高校卒業後すぐプロ野球入りし、40歳までプレーし続けてきました。これはすなわち40歳になるまで世間、つまり一般社会に出たことがないということを意味します。

野球をやっている時は、野球さえ頑張っていたらみんなが認めてくれますが、引退後はそうはいきません。私は現役を引退して初めて社会に出たような感覚を味わいました。

例えば、現役選手の頃はテレビ局などから取材される立場でしたが、野球をやめた今はテレビ局に使ってもらう立場です。それだけでもずいぶん違います。解説者として、自分から現役選手に取材をお願いすることも少なくありません。

人に対して生意気な接し方をしていたら、仕事などすぐになくなってしまうでしょう。しかし、そのことに気づかず、引退してからも現役時代の気分が抜けきらないままの人もいます。

社会に出て、あらためて礼儀正しく人に接しなければならないと思うようになりました。そして、最終的に問われるのは人間性だということも強く感じます。

現役を引退した後、世の中を見ながら分析したことがあります。

私が現役の頃は、世の中に悪い人なんていないと思っていました。自分と合わない人はいるかもしれませんが、悪い人などそうはいないだろうと思っていたのです。しかし、野球をやめてから何年か経ち、世の中にはこんなにも足の引っ張り合いをする人が多いのかと知って驚きました。人を蹴落とそうとする人もたくさんいますし、平気で人をだましたり、裏切ったりする人も見てきました。

世の中にはいい人が5割ぐらいいるとしたら、悪い人が3割ぐらいいます。残りの2割は、いい人と一緒にいればいい人になるし、悪い人に誘われれば悪い人になる、どちらにでも転ぶ人と考えていいでしょう。これが私の実感です。

人に裏切られた時、相手に対して怒ることはありますが、だからといってどうこうしようと考えることはありません。それよりも「自分自身がしっかりしなければ」

と考えるようになりました。

世の中にはいい人もたくさんいます。いい人にめぐり合うためには、自分自身がいい人間でいようと強く思っています。自分がしっかりした考え方を持ち、いい行いをしていれば、いい人にめぐり合えるはず。私はそう信じています。

今まで私のことを応援してきてくれたファンの方はこれからも大事にしたいです。ささいなことですが、例えば一緒に写真を撮るとか、サインをするとか、相手に喜んでもらえることはできるだけしようと心がけています（移動中など、難しい時はお断りしてしまうこともありますが……）。

このような一つ一つの積み重ねが、「人としても一流」として認められる道なのではないかと考えています。

憂鬱な気分は、仕事ができる「ありがたさ」ではねのける

毎日会社に行くのが憂鬱というサラリーマンの方もいると思います。

プロ野球選手の場合、多くのお客さんの前で野球をしているので、つらいことでも頑張ることができる部分があると思います。サラリーマンの方に、同じようにただ「頑張れ」と言うのは難しい部分があるかもしれません。しかし、つらくてもやっていかなければ、今の状況を変えることはできません。

私も現役の頃、試合のある日は毎朝、憂鬱な気分でした。サヨナラエラーをした次の日の朝なんかは最悪です。新聞には犯罪者かのように書かれるし、批判もされる。まさに「穴があったら入りたい」という気分でした。

では、憂鬱な気分をどうやって振り払って球場に向かっていたかというと、単純な話で、嫌でも行かなければならなかったのです。プロ野球選手になった以上、これは宿命であり、責任感でもあります。

家ではグズグズしていますが、気力を振り絞ってグラウンドに行けば、後輩たちもたくさんいるので気落ちした顔や態度は見せられません。少なからず意地もあります。最後は「今日は取り返してやろう」という気持ちになって試合に向かっていました。

憂鬱な気分を乗り越えるには、気力を振り絞るしかありません。

私は野手だったので、レギュラーの時は失敗を挽回するチャンスが毎試合ありました。しかし、先発ピッチャーの場合は1週間に1回しか挽回する機会がないので、つらい日々が続くことになります。何試合も連続で打たれてしまうと、負けている状態が1ヵ月以上も続くことになりかねないので、気持ちを維持するのが大変です。

私たち野手が「あー、打ち損じた！」と言っていても、次の打席にはまたチャンスがありますし、明日の試合もチャンスがある。しかし、ピッチャーが「あー、投げ損なった！」と言ったら、その試合はそこで負けてしまうこともあります。彼らはその責任を一身に背負って一球一球投げているのです。ですから、ピッチャーの前では、あまり気楽に「打ち損なった」などという発言はしないように気をつけていました。

チャンスがあるというのは、とてもありがたいことです。

現役時代は、ほぼ毎年シーズンオフに病院へ慰問に行っていました。ユニフォーム姿でお見舞いに行くと、入院している子どもたちは目を輝かせて喜んでくれます。そんな姿を見ると心からうれしくなります。それと同時に子どもたちから力をもらいます。懸命に病気と闘う子どもたちのことを思うと、少々のことでは甘えてはいけないな、と思うのです。

仕事の調子が悪かったり、嫌なことがあったりしたら、「どうして自分ばっかり……」と思ってしまいがちです。しかし、まずは体が元気で仕事ができていることのありがたさに気づくべきでしょう。

働きたくても病気や障害などで仕事ができない人もいます。仕事ができていること、仕事のチャンスがあること自体に感謝できれば、憂鬱な気分が振り払われ、前向きに頑張るエネルギーが出てくると思います。

仕事でもスポーツでも、ケガなく健康でやらせてもらえていることが一番ありがたいことです。そこに気づかないといけません。私もケガに悩んだ時期があります。大きな病気やケガを経験した人なら、こういう気持ちは分かるのではないでしょうか。

徳を積むことが、いざという時の幸運につながる

高校2年生の終わり頃、当時バッティングが安定せず悩んでいた同級生の片岡篤史（元日本ハムファイターズ、阪神タイガース）に声をかけて、気分転換の意味も込めて何かのきっかけになればと「毎朝一緒に落ち葉掃きをしないか」と提案しました。

片岡とは同部屋でしたから、毎朝、彼を起こして5時半から1時間、グラウンドのまわりの落ち葉を一緒に掃除することにしたのです。

最初は朝起きられず、嫌々やっていた片岡ですが、日を重ねるうちにだんだんと自分から起きてくるようになりました。何日も続けていると、心が浄化された感覚になったのか、本人曰く「無の境地」に達したと言っていました。そして、その時

に感じた「無の境地」で打席に入ることを学んだそうです。

片岡との落ち葉掃きは1ヵ月半毎日続けました。落ち葉掃きの効果かは分かりませんが、その後、彼のバッティングはめきめきと良くなり、不動のレギュラーになりました。特に冬の朝は寒いし、起きるのは大変でしたが、本当に続けて良かったと思います。

実は、落ち葉掃きを提案したのは、PL学園の2年上の先輩、桑田真澄さん（元読売ジャイアンツ、ピッツバーグ・パイレーツ）の影響でした。

私が1年生の時、4月に入寮して7月に部屋替えがあったのですが、その時に私は桑田さんと同じ部屋になりました。桑田さんは毎朝5時過ぎに起きてランニングをし、戻ってきたら外野の芝生でストレッチをした後、一人で草むしりをしていました。そんな姿を見ていたので、それを思い出して片岡に声をかけたのです。

余談ですが、引退してから桑田さんと一緒に食事をしている時に聞いた話があります。

実は桑田さんが、将来私がプロに行くのではないかと思い、厳しい周囲から私を守るために同じ部屋にしてくれたというのです。当時の寮生活はとても厳しいものでしたから、私を気遣ってくれていたのです。

入部したばかりで、まだ守備練習しかしていない時期だったので、その期間に私がプロに行くのではないかと思ったという話を聞いてとても驚きました。桑田さんには本当に感謝しています。

ＰＬ学園には「徳を積みなさい」という教えがありました。これはすごくいい教えです。いいことをしたら、いいことがある。因果応報、すぐにではないかもしれませんが、いずれ報われるという考え方です。

高校生の頃、こういった教えに出会うことができたのは、今考えると非常に良かったと思います。

桑田さんは甲子園で連投した後、朝起きると肩が上がらない状態になっていたにもかかわらず、試合になると奇跡的にボールが投げられたということがあったそうです。「これは神様の力だと思う」と桑田さんが寮の部屋で私に話してくれたことをよく覚えています。まさに日頃の徳の積み重ねが、こういう運を引き寄せたのではないかと思っています。

私は現役引退後、いろいろな方とお会いする機会がありましたが、地位のある方で常日頃から徳を積んでいる人は、いい運にも恵まれていますし、多くの人たちから信頼されています。徳を積んでいる人は、人望が厚い人ばかりなのです。

野球の世界では相手に嫌がられるような選手にならなければなりませんが、人として生まれた以上は、まわりから嫌がられるような人間にはなってはいけません。

この世に生まれてきた以上、徳を積んで一人でも多くの人に喜んでもらえるようになりたい。これは私のモットーであり、これからも大事にしていきたいと思っています。

たかがあいさつ、されどあいさつ。あいさつは人生を変える

現役引退後、キャンプの取材中に子どもの頃から憧れていた王貞治さんにお会いすることができました。

その時、王さんから聞いた話があります。グラウンドに入ってくる時に「おはようございます！」と気持ちよくあいさつする選手は試合で使ってみたくなる、というのです。

もちろん、あいさつだけで試合の出場が決まることはありませんが、力の差がなく、どちらの選手を試合で起用するか迷っている状況であれば、印象がいい選手を使ってみたくなるのは、人間の心理として当然だと思います。

何気ない朝のあいさつが、監督やコーチに好印象を与え、チャンスにつながるこ

とがあるのです。

たかがあいさつかもしれませんが、それがきっかけで試合に出られて、さらにいい結果を出すことができれば、レギュラーに定着することもありえます。あいさつから始まるプロ野球人生というのも決して大げさな話ではないのです。

今の時代、プロ野球の世界では数年続けていい数字を残せば、わりとすぐに億単位の年俸がもらえるようになります。そうなると急に態度が変わったり、あいさつもろくにしなくなったりする選手がいます。

私が中日にいた時、若手選手に「野球が一流なだけではダメ。人として一流でなければならない」「まわりの人を大事にしないと長い間野球をすることはできない」という話をしたことがあるというのは先ほども書いた通りですが、若い選手には謙虚な気持ちを忘れないよう気をつけてほしいと思っています。

当たり前の話ですが、誰に会う時でも第一印象は非常に大切です。最初に好印象を与えることは、その後の人間関係をいいものにする大きなきっかけになります。

いい印象を与えるには、まず相手に気持ちよくあいさつすることです。あいさつをされて嫌な気分になる人はいないでしょう。

たまたまこちらが相手に気づいていなかっただけの場合でも、あいさつをしなかったことで、相手は「無視された」という嫌な印象を持つ場合もあります。あいさつというものは、するほうはたいしたことないものだと思っている人が多いのですが、されるほうにとってはとても印象に残るものです。あいさつ一つで印象はずいぶん変わるということを忘れないでください。

今の若い人たちからすると古い考え方だと思われるかもしれませんが、あいさつは人間関係の基本です。これがきちんとできない人は、いくら才能や実力があったとしても、まわりの人たちからの支えを得ることができず、大成することはないでしょう。

日本人は昔からあいさつを大事にしてきました。特に日本で生活する以上は、あいさつという日本のいい文化を引き継いでいくことはとても大事なことではないでしょうか。

他にも、あいさつをするといいことがあります。

それは悩みを吹き飛ばせるということです。試合でうまくいかなかった時、練習がつらい時、なんだか気分が晴れない時、大きな声であいさつをしてみると不思議なことにモヤモヤしていた気分が晴れ、元気が出てきます。ぜひ、みなさんも試してみてください。

あいさつの力は、みなさんが思っている以上に大きいのです。

団体競技を通して、社会で生きていくために大切なことを学ぶ

野球教室で子どもたちに野球を教える機会がよくあります。

そういう時は、子どもたちに野球だけでなく、礼儀の大切さを教えます。子どもたちには野球を通して、あいさつがしっかりできるようになってもらいたいと思っています。

また、助け合いの心についても話しています。

野球は団体競技、チームスポーツです。自分の一打でチームが勝つこともありますが、自分のミスでチームが負けてしまうこともあります。だからこそ、助け合いの心が必要なのです。「誰かがミスをしたら助けてあげよう」、「自分がなんとかしてやろう」という気持ちを子どもたちに持ってもらいたいと思っています。

野球がうまいからといって、自分よりも下手な子を見下したり、ばかにしたり、あおるようなことを言ったりするのは絶対にしてはいけないことです。また、野球をしている時以外でも、困っている子や弱っている子がいたら、助けてあげられる人になってほしいと伝えています。

昨今は子どもの間のいじめが問題になっています。野球の技術が上達することも大切かもしれませんが、野球を通じて礼儀の大切さや助け合いの心を学んでほしいと強く願っています。

とはいえ、勝負に勝とうとするならば、優しいだけでは通用しません。

例えば、チームメイトがやってはいけないミスをしてしまった場合は、どうしたらいいでしょうか。

落ち込んで反省しているチームメイトを励ましてあげることも大切ですが、強いチームを目指すのであれば、それだけではだめです。

時には「もっとしっかりしろ！」と厳しく言うことも必要になります。ミスの原因に気づいていたなら、そこを指摘してあげることも大切でしょう。

ミスをしたチームメイトのためにも、チームのためにも、厳しい対応が必要な時もあるのです。

野球チームも会社も、ただの仲良し集団では強くなりません。試合に勝ちたかったり、いい仕事をして結果を出したかったりするなら、メンバー同士がいい緊張感を持って、お互いを高め合える組織が理想です。

私は団体競技である野球を通して、社会で生きていくために大切なことをたくさん学んできました。今度はそれを子どもたちや若い人たちにも伝えていければと思っています。

耐えることが精神力を強くする。下積み経験が後々役に立つ

小中学生の時に所属していた野球チーム、茨木ナニワボーイズの多田章監督はとても厳しい方でした。

例えば、練習中にトイレに行きたいと言うと怒られて、行かせてもらえませんでした。

これにはきちんとした理由があります。練習に集中できるように、朝のうちにトイレに行く習慣をつけておくことが大事だということでした。つまり、練習に臨むための準備の大切さを教えてくれていたのです。

また、夏の暑いさなかの練習中でも熱いお茶を湯呑み一杯しか飲むことができませんでしたし、髪の長さは五厘に決められているなど、厳しいルールがいくつもあ

りました。

ボールを投げる時、ヒジが下がっていると叱られたら、叱られたほうは「ハイ、次からはヒジを上げて投げます！」と大きな声で復唱しなければなりませんでした。また、バットのヘッドが下がっていると注意された時は、「ハイ、次は上からたたきます！」と注意されたことを大きな声で復唱しなければなりません。注意されたことを口にすることで、意識に刷り込まれていくのです。

遊びたいさかりの年頃でしたが、野球をやめたいと思ったことはありませんでした。私には兄がいますが、兄と2人で野球をやらせてもらえることに感謝していたからです。

私が小学2年生の頃、父と母が離婚しました。それからは母が化粧品店を営みながら、女手一つで一生懸命私たちを育ててくれたのです。懸命に働く母の姿を見ていたこともあり、「プロ野球に入って母に楽をさせてあげたい」という気持ちが心の奥にずっとありました。

少し話はそれましたが、野球人生のスタート時点で、野球に向き合う姿勢や礼儀などを厳しく教えてもらえたことは、本当に良かったと思っています。

ＰＬ学園の恩師、中村順司監督からは「球道即人道」という教えを学びました。野球を通じて一人前の人間になるという教えです。

私はこの言葉を座右の銘にしています。それぐらい大切な言葉です。中村監督からはあまり怒られた記憶はありませんが、ＰＬ学園の寮生活は非常に厳しく、そこで上下関係や忍耐力を学ぶことができました。

小、中、高とそれぞれ厳しい環境でしたが、この経験がなかったらプロの世界で長く野球を続けることはできなかったでしょう。

若い時には、ある程度厳しい経験をしておいたほうがいいと思います。厳しい経験は精神力を強くします。精神的に強くならなければ、プレッシャーにも勝てませんし、いざ壁にぶつかった時にも乗り越えられません。

ずっと和気あいあいと楽しんで野球をやってきた人は、プロの厳しい環境に置かれた時にすぐにやめてしまったり、壁を乗り越えられずに苦しんだりすることが多くなります。

これは会社でも同じことだと思います。上司から少し厳しくされたり、厳しい環境で仕事をこなさなければならなかったりするという理由だけで、せっかく入った会社を辞めてしまう若者が多いと聞きます。また、入社してすぐに大きな仕事を任せてもらえると思っていたのに、雑用ばかりで嫌になって会社を辞めてしまう人もいるようです。

私はどんなことでも、ある程度の下積みは大切だと考えています。下積みでしか経験できないこと、下積みだから学べることがたくさんあります。そして何より、厳しさに耐える強さが身につきます。下積みの経験が、後々の人生で必ず役に立つ時がくるのです。

つらくても諦めないでください。人生には歯を食いしばりながら耐えて頑張らなければならない時期が必ずあります。自分が今置かれている状況をしっかりと見極め、頑張りどころだと思ったら、簡単に投げ出したりしないで諦めずに頑張ってみてください。

自分自身を知り、やるべきことを明確にしてから行動する

野球選手の場合、成績が数字ではっきりと出るので自分の実力を嫌でも知ることになります。数字を見れば一目瞭然です。

また、相手ピッチャーと対戦した時にも、明らかに力が違う場合、力量の差を肌で感じることがあります。対戦すれば、自分の力がどれぐらいなのかはだいたい分かります。

現役時代によく聞いたのが、ピッチャーは全投手の中で自分が上から何番目の位置にいるかを考えなさい、という話でした。先発ローテーションに入るピッチャーから順に数えて、自分が何番目の選手なのかを考えて、チーム内での位置を知って

おきなさい、ということです。

プロ野球の支配下選手登録の上限は70人ですが、一軍の試合でベンチ入りできる人数は最大25人まで。内訳はだいたい投手10人前後、野手15人前後となります。

その限られた人数の中に入るために、自分が今いる位置を把握しておく必要があります。ピッチャーであれば、自分がチームで上から数えて20番目だったとしたら、必然的に一軍の試合には出られないということになります。かなり頑張らないと試合に出られない位置に自分がいるということを知らなければなりません。

自分の位置を知り、今の自分に足りないところをしっかりと分析して、やるべきことを明確にすることが大事だと思います。

スポーツ選手の場合は特に、自分の状態を常に知っておくことが必要です。

しかし、毎日のように練習していると、だんだん自分で自分の状態がよく分からなくなってしまうことがあります。

不調に陥っている時、原因や解決策が自分で分かればいいのですが、そう簡単には分かりません。考えてもどうしても分からない時は、人に意見を求めるのもいいと思います。

私は調子が悪いと感じた時、よくバッティングピッチャーに相談していました。毎日同じ人に投げてもらっていたので、いい状態の時と悪い状態の時の違いが分かるのです。

例えば、打席で構えた時の姿勢が少し丸まっているとか、まっすぐ足を踏み出していると思っていても少し開いているとか、そういうちょっとした違いがバッティングピッチャーから見ているとよく分かるようでした。

体の具合に関しては、トレーナーに見てもらっていました。今日は体のここの部分が張っているとか、ちょっとした体の変化に気づいてケアをしてくれていたので、とてもありがたかったです。

このように、自分のことを客観的に見ていてくれる人がいると、とても助かります。そういう人の存在は大事にしなければなりません。

スポーツ以外の他の仕事でも同じことだと思います。毎日同じような仕事をしていると、だんだん自分の感覚が麻痺してきます。自分で考えたり、ノートをつけて振り返ったりすることも大切ですが、上司でも同僚でも友人でも家族でも、自分のことをよく見ていてくれて、必要な時に気軽に相談できる人が近くにいることは、とてもいいことだと思います。

仕事の実力や調子以外にも、自分がまわりからどう思われているかを知ることも大切です。

自分のことは、思っている以上に自分では分かっていません。自分がいいと思ってやっていることが、他の人にとっては迷惑になっていることもあります。言ってもらえば分かることも、言われないと気づかないことは案外多いと思います。

10代や20代であれば、先生や親、上司など、注意や指摘をしてくれる人がいますが、年齢を重ねて立場が上になってくると、まわりから何も言われなくなってしまいます。

そうなると特に注意が必要です。本人は感じていなくても、実はまわりから嫌がられていた、なんてことになったら最悪です。下手をしたら、まわりから孤立してしまうことにもなりかねません。

そうならないためにも、まわりとコミュニケーションを取りつつ、信頼できる人や自分のことを客観的に見てくれている人に、自分から聞きに行くことも非常に有効だと思います。

代打が教えてくれた、知らないことを経験することの大切さ

２００７年のシーズン開幕前、かつて近鉄バファローズなどで活躍した中村紀洋選手が中日に入団してきました。

私は前年の後半からレギュラーを外れたため、スタメン復帰を目指して練習に励んでいましたが、同じサードのポジションを守る中村選手の入団を知り、スタメン出場の可能性がほぼゼロになると確信しました。

寂しい気持ちもありましたが、これで自分の進むべき道がはっきりしたと気持ちが吹っ切れました。キャンプでは代打を意識したメニューをこなし、練習時間のほとんどをバッティングの練習に費やしました。

また、シーズン中のバッティング練習では、バッティングピッチャーの方に普段

よりも前からボールを投げてもらい、速い球に目を慣らす練習をしていました。試合の終盤で出場することが多い代打は、必然的に速い球を得意とする各チームのクローザーと対戦することが増えるので、このような対策を取らなければならなかったのです。

代打で出場し、試合終盤の勝敗を分けるようなしびれる場面で打つことができた時の喜びは、スタメン出場して打った時とはまた違う代打ならではのものでした。

一方で、代打の難しさも初めて知ることができました。スタメン出場であれば、1打席目にヒットが出なくても、2打席目、3打席目と失敗を取り返すチャンスがあります。しかし、代打は1打席が勝負です。失敗したらその次はありません。

代打を経験することで、控え選手の気持ちが分かったことも大きかったです。

2013年のWBC（ワールド・ベースボール・クラシック）では打撃コーチを務めました。残念ながら優勝はできませんでしたが、選手はみんないい活躍をしてくれました。

この大会で大活躍したのが、井端弘和選手です。

井端選手は代打での出場が多かったのですが、勝負所の切り札的な存在になってくれて本当に助かりました。井端選手に救われたといってもいいと思います。私も代打をやっていた経験があったので、前もって準備ができるありがたさを知っていました。ですので、代打の出番がありそうなところはできるだけ早めに伝えようと思っていたのです。

逆にいえば、こちらができるのはそれぐらいのことです。打席に送り出したら、もう手助けできることはありません。「打ってくれ！」とベンチの中で祈るだけです。

何でも経験してみないと分かりません。私は会社で働いた経験もないですし、サラリーマンをしたこともありません。サラリーマンの方は、毎日通勤して、時には面白みが感じられず、やりたくない仕事をしなければならないこともあるでしょう。私から見ると本当に大変だと思います。モチベーションを保つのも難しいでしょう。

一方、一般企業で働くサラリーマンの方が、急に何万人もの人が自分を見ている中で野球をするのは簡単ではないでしょう。時には何万人もの非難が一斉に降り注ぐこともあります。なかなか耐えられるストレスではないと思います。

どちらが上でどちらが下ということではありません。それぞれの世界がそれぞれ大変なのです。

どの世界で頑張っていくにも、その場に合わせた工夫が必要です。代打の経験でそのことが分かったのは、私にとってとても大きなことでした。

自分を高めるために、自分よりも高いレベルにふれて学ぶ

自分を高めるためのいい方法があります。

会社なら、自分より仕事ができる上司や先輩を見つけて、その人にできるだけ接近し、一緒にいる時間を少しでも多くつくることです。

野球の場合なら、自分より成績のいい選手に近づくことです。少し勇気が必要ですが、自分ではわからない野球の技術や心構えを教えてもらうことができるでしょう。

同じレベルの人と一緒に遊んだり、後輩と一緒に過ごしたりするのは、確かに気が楽です。しかし、それでは成長できません。高いレベルの人、自分より上だと思

う人と一緒にいる時間を、勇気を持ってつくらなければならないと思います。

今は選手同士の関係も近いですし、自分たちの頃のように上下関係も厳しくなくなったので、教えを請えば、必ず何か得られるはずです。「教えてください」と言っているのに教えてくれないのなら、それはそれで仕方ありませんが、食い下がっていれば何らかのヒントはもらえるかもしれません。

ちょっと怖いからといって避けていたら、何も変わりません。尊敬できる上司や先輩がいたら、自分から近づいてみてください。

私の場合、先輩だけでなく、後輩や年下の選手でも「いいバッティングだな」と思えば、バッティングについての考え方や取り組みなどについて聞きに行くようにしていました。相手が年下でも、たとえ子どもだとしても何か学べるのでは、というぐらいの心構えがあれば、その人は進歩できるでしょう。

逆に、いい成績を残したとしても、「自分はもう誰からも何も言われたくない」「誰からも学ぶことはない」と思ってしまうようでは、それ以上の進歩はありません。

上の世代からも下の世代からも、たくさん学ぶことはあります。誰からも学ぼうとする姿勢が大切です。そのためには、アドバイスを聞くことができる「素直さ」が必要になります。

「素直さ」とともに、自分の「型」を持っておく必要があります。繰り返しになりますが、自分がないまま闇雲にいろいろなアドバイスを聞こうとするのは危険です。まずは自分の「型」をつくった上で、アドバイスを聞くことが大切です。

他人の言うことを受け入れられない人は成長しません。だからといって、誰の言うことでも聞いてしまう人は、自分を見失ってしまいます。両方のバランスをとることが重要なのです。

涙のホームランが教えてくれた大切なこと

プロで最初に出場した試合は、入団1年目の1988年4月8日、横浜大洋ホエールズ（現横浜ＤｅＮＡベイスターズ）とのシーズン開幕戦でした。場所はナゴヤ球場。スタジアムを埋め尽くす大観衆。甲子園で大舞台を経験したことはありましたが、それとはまた別のプロ野球が持つ特別な雰囲気は、今も鮮明に覚えています。

初打席はセカンドゴロでしたが、相手がエラーしたため出塁することができました。初ヒットは6回の第3打席。ライトフェンス直撃の二塁打でした。

この1本のヒットから始まり、私はプロ野球生活22年の間に、２４８０本のヒットを積み重ねることができました。

２４８０本のヒットの中には、いろいろな思い出があります。

大きな節目となる２０００本安打を達成したヒットも忘れられない一打です。

２００３年7月5日の巨人戦。第４打席でライト前ヒットを放ち達成できました。祝福の花束をＰＬ学園の先輩、清原さんからいただき本当にうれしかったです。

直前でぎっくり腰になるなど、達成まで苦労があったので、打つことができた時はうれしさとともに安堵の気持ちでいっぱいでした。同時に、今まで支えてくれたスタッフの人たちへの感謝の気持ちがこみ上げてきたことをよく覚えています。

私が最も印象に残っているヒットを選ぶなら、プロ3年目のシリーズ開幕戦、第1打席の一打。ナゴヤ球場で横浜大洋ホエールズの中山裕章投手から打ったセンターオーバーのホームランです。

プロ2年目はケガのため、30試合しか一軍の試合に出場することができませんでした。「このまま一軍でプレーすることができないのでは……」と思ったこともあるほど、とても苦しい時間を過ごしていました。2年目のオフは、3年目のシーズンに野球人生をかけるつもりで必死にトレーニングを続けていました。

そんな状況で迎えた開幕戦。ケガの痛みは完全には消えていませんでしたが、痛み止めを飲んで出場しました。

いろいろな不安を抱えた中で迎えた第1打席。思いっきり振り抜いた打球はセンターの頭を越えてスタンドに入りました。

大きな喝采を浴びながらダイヤモンドを一周している時、涙がにじんできたことは今でも忘れられません。

一軍の試合に出ることができる幸せを、この時ほど感じたことはありませんでした。


プロ最後の打席は、2009年9月30日の巨人戦です。

本拠地ナゴヤドームでのホーム最終戦。落合監督に志願して、先発出場を目標に調整をしてきましたが、4日前の練習で痛めた腰の状態が思わしくなく、スタメンでの出場はおろか代打で出ることすら危うい状態でした。

幸い当日の朝に体を動かしてみたところ、なんとか行けるのではという感触だったため、体が壊れてもいいという気持ちで出場を決断しました。

結果は４打数３安打。９回にめぐってきた最終打席は右中間への二塁打でした。プロに入って初めて打ったヒットが二塁打で、最後に打ったヒットも二塁打。そして私が打った４８７本の二塁打は、日本プロ野球史上最多。まだ塗り替えられていない記録です。二塁打には運命を感じずにはいられません。


私は２００６年の7月2日からレギュラーを外されました。そこから引退するまでの約3年は、一度もレギュラーで出場していません。プロ野球人生の中でも、最も過酷な時期でした。

正直、レギュラーから外された後は、気持ちの整理がなかなかできませんでした。そんな時、支えになったのはファンの方の大きな声援です。代打で出るたびに割れんばかりの声援が球場に響き渡ります。そのたびに涙がこみ上げてきました。

今まで以上の応援を受け、はじめのうちは、どうして代打の自分にこれほどまでの声援がもらえるのかが分かりませんでした。しかしそのうち、ファンの方は私の気持ちや思いを感じ、それを分かった上で応援してくれているのだと気づいたのです。

このままでは終われない。

私は、もう一度強い気持ちを持つことができました。大声援を送ってくれるファンの方たちの期待になんとか応えたい。代打という与えられた場所でしっかりと結果を出そう、と気持ちを切り替えて必死に頑張りました。

つらい時でも歯を食いしばり、どんな時でも諦めずに頑張り続けたからこそ、今の自分があるのだと思います。最終試合の3安打は、野球の神様が最後に私にくれたプレゼントのようなものだったと思っています。

第4章

プロフェッショナルの心得

プロとして結果を出すために大切なこと

長く活躍できてこそ一流選手

プロ野球の世界に入り、一流だと感じる選手と数多く接してきました。挙げるとキリがないのですが、ここでは特にすごいと感じた選手を2人ご紹介します。

まずはイチロー選手です。バッティングはもちろん、守備、走塁、スローイングにいたるまで、彼のプレーはすべてにおいて素晴らしいのですが、そのすごさの根底にあるのは、彼がとにかく野球が好きであるということです。

持って生まれた才能もありますが、体のケアやトレーニングをする姿を見ていて感じるのは、頭の中のほとんどがずっと野球のことで埋め尽くされているのではないかということです。心がずっと野球のほうに向かっている。それだけ野球が好きで、野球のことを追求できるというのは本当に素晴らしいことだと思います。

40歳を過ぎてもイチロー選手からはまったく体力の衰えを感じませんでした。バッティング技術と彼が残した成績のすごさ、素晴らしさは誰もが知っていると思いますが、あれだけ長く現役を続け、試合にも出続けていたにもかかわらず、大きなケガをしなかったのも賞賛に値します。ケガをせずに試合に出続けられたというのは、もともと持っていた体の強さもあるとは思いますが、何よりも入念な準備をしっかり続けてきたからでしょう。

試合に出続けるというのは本当に大変なことです。私の場合、一軍デビューは早かったのですが、40歳前になると体はボロボロになっていたので、イチロー選手のすごさが本当によく分かります。40歳を過ぎて若い選手に交じって毎日同じトレーニングを繰り返すのは、試合に出続けるという強い気持ちを持っていないと難しいと思います。

途中でメジャーリーグに挑戦したのも、彼にとってはプラスになったでしょう。メジャーでもシアトル・マリナーズからニューヨーク・ヤンキースに移籍するなど、何度も環境が変化しました。変化があるのはいいことです。環境の変化がモチベーションにつながり、長く野球を続けることにもつながったのかもしれません。

2人目は篠塚和典さん（元読売ジャイアンツ）。篠塚さんのバッティング技術は見惚れてしまうほど素晴らしかったです。バットにボールをうまく乗せてレフト前にヒットを打つ技術や、ランナー一塁の時に、体を止めてピョンとうまく手首を返しながらアウトコースのボールを一、二塁間に測ったように打つ技術など、どれも守りながら思わず「うまい！」と言ってしまうほどでした。

篠塚さんの代名詞といえば、華麗な流し打ちです。右肩の開きが遅く、バットを体の内側から出す、いわゆるインサイドアウトのスイングがしっかりとできているからこそ可能な打ち方です。

私はどちらかというと強く振るタイプなので、バッティングのタイプは篠塚さんとは違っていましたが、しなやかで美しいバッティングに憧れていました。お願いしてバットをいただいたこともあります。

篠塚さんはバッティング同様、守備も華麗で一流でした。ダブルプレーの時のセカンドでの流れるような動きはいつ見てもカッコよかったです。まさに「しなやか」という表現がぴったりだったと思います。

いい成績を残しても、一、二年活躍するだけでは一流選手とはいえません。10年、15年と長く続けて活躍できてこそ一流です。

篠塚さんは18年、イチロー選手は日本のプロ野球で9年、アメリカのメジャーリーグで19年の合計28年もプロとして活躍し続けてきました。

長く続けるには技術だけでなく、プロとしての体の管理や気持ちの強さも必要です。ケガなど、自分では防ぎようのない不運もありますが、長くプロを続けられたということが一流選手である一つの証しなのです。

プロとして活躍するために必要な条件

今までたくさんの新入団選手を見てきました。アマチュアで活躍し騒がれながら入団してきた選手や、あふれんばかりの才能を持った選手など、毎年多くの新人がプロ野球の世界に入ってきますが、残念ながらプロとしては芽が出ずに、そのまま終わってしまった選手もたくさんいました。

私がレギュラーとして定着するようになったあたりから、新人の中でも将来レギュラーになりそうな選手がなんとなく分かるようになってきました。

速い球が投げられる、速く走ることができるなど、才能も大きな要素ではありますが、最も大切なのは、野球に取り組む姿勢なのだと気づいたのです。

まず、あいさつを見れば分かります。きちんとあいさつのできる選手は、真摯に野球に取り組むことができる人が多く、そういう選手ほど将来活躍するのです。新入団選手たちをたくさん見るうちに、礼儀を含めた野球に取り組む姿勢はやはり大事だと感じるようになりました。これは野球に限ったことではないでしょう。どんな仕事でも取り組む姿勢は大事であり、これが良くない人はいっときいい結果を出せたとしても長く活躍し続けることは難しいでしょう。

野球に対して真摯に取り組むことの他に、私がプロ野球の世界で活躍するために必要だと思っていることを３つ挙げたいと思います。

１つ目は、24時間常に頭の中を野球のマインドにしておくこと。たまに遊んだり、少々息抜きしたりすることは必要ですが、基本的に常に野球のことを考えているぐらいでなければプロは務まりません。いつも野球を意識することが、プロであるという高い意識を持つことにつながります。

2つ目は、努力を継続すること。プロである以上、いいプレーをお客さんに見てもらい、喜んでもらわなければなりません。そういったプレーができるようになるにはどうすればいいか。常に考えて、実現できるように努力をし続ける必要があります。

3つ目は、時間をうまく使うこと。時間の使い方とは具体的なスケジューリングということだけでなく、気持ちをうまく切り替えたり、ネガティブな気持ちを断ち切ったりするようなメンタルの部分も含みます。一流選手ほど、時間の使い方がうまいものです。

野球に対して真摯に取り組むこと、常にマインドを野球に向けること、努力を続けること、時間をうまく使うこと。この4つがプロとして活躍できる人になるための条件です。野球に限らず、ビジネスの世界で活躍している人を見ても、この4つが当てはまっていると思います。

10代は社会に出るための助走期間。いろいろな経験をすることが大切

教育はとても大切です。勉強に限らず、ものの考え方や物事への取り組み方、礼儀や人間関係なども含め、広い意味での教育を学生の頃にしっかり受けることが、後々社会人になった時に生きてきます。

厳しくされた経験のない人が社会に出て、急に厳しくされてプレッシャーに耐えきれなくなるという話を最近よく聞きます。学生の頃、厳しくされた経験があると、社会に出てからも少々のことではへこたれません。怒られたり、我慢したり、耐えてきた経験があまりないまま大人になると、ちょっと嫌なことがあったり、壁にぶつかったりした時、それに耐えられなくなって逃げ出してしまうのです。

お金を稼ぐということは決して楽なことではありません。社会に出れば、嫌なこと、つらいことはたくさんあります。10代の頃は、社会に出た時に受けるさまざまなプレッシャーに負けないような強さを身につけるための大切な時期です。

スポーツの世界に限らず、将来のことを考えるなら、若い時にあえて厳しい環境に身を置いてみるのもいいでしょう。学生時代は勉強も大切ですが、スポーツにもぜひ挑戦してほしいと思います。特に人間関係について学ぶことが多い団体競技はおすすめです。

10代は社会人になるための助走期間です。「学生だからいいや」とのほほんと過ごすのではなく、社会人になるための準備をしておくべきなのです。

大人は子どもに優しく接するのはいいですが、その場だけの優しさを与えられ、厳しさを知らずに子ども時代を過ごした人が、大人になってから苦労するようでは本末転倒です。必要な時はある程度厳しく接することも大事です。

一時の優しさが、本当に子どものためになるのかどうかを考えなければいけません。親や指導者はそのことを忘れないでいてほしいと思います。

20代はその後の人生を決める時期。がむしゃらに頑張って自分を磨く

私は高校を卒業してすぐ、18歳でプロ野球の世界に入りました。入団当初を含め、20代の頃はとにかくがむしゃらに野球をしていました。

野球でも会社でも、社会に出たらまずはその環境に慣れることが大切です。はじめのうちは分からないことだらけでしょう。教えてもらう立場ですから、つらいこともあると思いますが、ある程度の我慢は必要です。

慣れた後は、最低3年ぐらいは修業の時期だと思って頑張るといいと思います。もちろん、勤め先や仕事内容が自分に合う、合わないという問題はあると思いますので、何がなんでも3年働けばいいというわけではありません。しかし、3年ぐら

い働かないと何事ものにならないのも事実です。その仕事が自分に合っているかどうかもわからないのではないでしょうか。

自分が頑張ろうと思える仕事なら、まずは続けてみることが一番大事だと思います。社会に出てお金を稼ぐということは、ある程度の覚悟が必要だということを認識してください。

環境には慣れる必要がありますが、まわりの人たちに馴染んだり、溶け込もうとしたりする努力はそれほど必要ではありません。

私の場合、入団して間もない頃は自分に余裕がなかったので、まわりの人たちに溶け込もうという意識までは持つことができませんでした。まずは自分自身のことをしっかりできるようになろうと必死だったのです。

自分のことができるようになって、ようやくまわりのことが見られるようになります。まわりに馴染むことを優先するのではなく、まずは自分が与えられた仕事をしっかりとこなし、その後はひたすら自分を磨くべきです。まわりのことを見るのはそれからで十分でしょう。

20代の頃は、がむしゃらに頑張って自分を磨く時期です。練習、仕事、勉強、それぞれやらなければならないことをとにかく一生懸命やってください。この先、自分がどのような大人になって、どのような人生を送るのかが決まってくるのは、この時期に頑張れるかどうかが大きく影響します。

プロ野球の世界もそうですが、仕事は基本的に毎日同じことの繰り返しです。まずは我慢しながらでも環境に慣れること。それから自分を磨き、将来ステップアップするための基盤をつくってください。

30代は変化の時期。知識や経験を活かし柔軟に対応する

野球に限らず、他のスポーツ選手もそうだと思いますが、多くの選手は年齢とともに体の衰えを感じます。特に30代になるとそれが顕著です。

例えばピッチャーだと、20代の頃は速いボールを投げることができても、年齢を重ねるにつれて20代の頃のような速いボールが投げられなくなります。

この時に何をするかというと、速いボールを諦めて、変化球やコントロールを磨いていくわけです。人によってはバッターのタイミングを外すため、投球フォームを変える人もいます。このようにピッチングスタイルをうまく変えられた人が、長くプロの世界で生き残っていけるのです。

どんなこともそうだと思いますが、全盛期というのはずっとは続きません。大切なのはその時その時にどう自分を変えていけるかです。自分を変えようとしなかったり、うまく変化できなかったりして、そのまま活躍できずに終わっていく人もたくさんいます。

私の場合は、レギュラーから代打になった時、最も大きな変化を受け入れることになりました。あそこで「もういいや」と思っていたら、現役生活はそこで終わっていたと思います。

スポーツの世界では特に顕著ですが、「いつでも昔のようにできる」と思い、自分の衰えに気づかずにいると、うまくいかずに失敗してしまいます。そのうちに下の世代がどんどん育ってきて、新たなライバルも出現し、まわりの見る目や扱いが変わってきたりします。

不平不満がたまることもありますが、文句や愚痴ばかり言っていても仕方ありません。置かれた状況をどう受け入れ、自分の中で消化するかを考え、気持ちを切り替えながら、前を向いて頑張るしかないのです。

プロ野球選手の場合、30代に中堅からベテランへと立場が移行します。そうなると一年一年が勝負です。ピークを過ぎて力が衰え始めたベテランは、結果が悪いといつ契約を打ち切られるか分かりません。

私はケガをするのが怖かったので、30歳を過ぎた頃からは、シーズンが終わるとすぐに体を休ませ、少し早めの時期からゆっくり体を動かし始めるよう心がけていました。そして、毎年少しずつ自分のプレースタイルを変化させていったのです。

大切なのは自分自身が今、どんな状況であるかを理解すること。そして自分の力を知ることです。

例えば、いつまでも自分が長距離打者だと思ってバットを振り回している30代の選手は、実際には20代の頃と比べるとパワーが落ちているのでいい結果は出せません。このような勘違いからうまくいかなかった選手をたくさん見ています。

失うものばかりではありません。年齢を重ねると、知識や経験がたまります。これは若い頃にはなかった武器です。体力任せでがむしゃらにプレーするのではなく、衰えた体力を知識や経験でカバーしていくことも大切です。

30代では自分の力を把握して、変化を受け入れながら、その時点で自分が何をしたら活躍し続けられるかを正しく知ることが大切です。知識と経験を活かしながら、目標に向かって前向きに頑張ってみてください。

勝負所で勝ち切るための決め手は「開き直り」

野球をやっていれば、常に勝負しなければなりません。

勝負所で勝ち切るためには、何よりも準備が大切です。

球場に入ってから行う試合前の準備はもちろん、前日の夜の食事や睡眠など、すべてが試合につながっています。試合にはベストコンディションで臨むのが理想ですから、いいパフォーマンスを発揮するには体調をしっかり整えておかなければなりません。それもすべて準備です。試合当日の調整や相手バッテリーの配球の研究なども欠かせません。

準備を積み重ねた上で打席に立てば、相手のピッチャーとの勝負があります。ここの一番の場面でヒットが打てるかどうかは、もちろん技術的なことも関係しますが、最後はいい意味で開き直れるかどうかにかかっていると思います。

「ここは絶対に打たなければならない」と思っていると、自分にプレッシャーをかけることになります。「ここで打てなければ、また練習すればいい」というぐらいの気持ちで打席に入ったほうがいい結果が出ることが多いです。

代打の場合は一打席が勝負です。カウントが追い込まれた場面で、変化球を待っている時にストレートが来たら、振り遅れてファールにしかできないことがあります。その時に「三振してもいいからストレート一本を待って決め打ちしよう」という割り切りができるかどうか。「三振してはいけない」という思いが強すぎると、当てにいってしまって打てるボールまでファールにしたり、打ち損なったりしてしまうことがあります。

思い切りのいい人は勝負強いです。

「思い切り」とは「開き直り」とも言い換えられます。「初球にこのボールが来たら思いっきり振ろう」と決めて強く振り抜くのも、いい意味での開き直りだと思います。「初球を打って凡打になるのはもったいない」と思う人もいるかもしれませんが、初球を打って凡打になっても、追い込まれてから三振しても、アウトになるという結果は一緒です。だったら、思い切り振り抜いたほうがヒットになる可能性は高くなります。

技術を磨いたり、配球を研究したりするなど、いろいろな準備を積み重ねた上で、最後は開き直りで挑む。これが勝負の決め手だと思います。

結果を出し続けるために必要な「負けん気」と「感謝の心」

プロ野球選手として10年20年と長く活躍していくためには、何が必要でしょうか。技術や体力だけでなく、野球に対する考え方や取り組む真摯な姿勢が大切だということは繰り返し述べてきました。

さらに大切なのは、少々つらいことがあった時でもグッと歯を食いしばって耐え抜くことができる心の強さ、「負けん気」です。つらい時に「負けん気」を出して頑張ることができるかどうかが大切だということです。

これは野球でも仕事でも同じでしょう。

厳しい状況に直面した時、「もういいや」と思えばそこで終わりです。ケガなどのアクシデントがあった時、「無理だ」と思えば再起もできません。加齢にしたがって、若い頃のように体が動かなくなった時、「これぐらいでいいか」と思えば、あとは衰えていくだけでしょう。

常に諦めない気持ち、「負けん気」を出して頑張れる人が、プロで成功し長く活躍できる人なのです。

「努力」も大切ですが、「負けん気」と「努力」は違います。プロ野球の世界では結果がすべてで、どれだけ努力したかはまったく関係ありません。努力は結果を出すための当たり前の行為なのです。

もう一つ大切なのは、「感謝の心」です。

プロ野球選手は毎日大勢のお客さんが応援してくれます。お客さんの前で野球をやらせてもらえることに感謝できれば、つらいことも乗り越えられます。私も苦しい時には「感謝の心」を思い出し、つらいとはなるべく思わないように心がけていました。

また、試合に出る選手の裏には、一生懸命支えてくれている裏方さんが大勢います。裏方さんには感謝しかありません。

選手の中には、調子が悪いと練習中にバッティングピッチャーに対して不満げな態度や表情を出してしまう人が残念ながらいます。そんな心構えでは長く活躍することはできません。私は、プロ野球選手は裏方さんにも応援される選手になるべきだと考えています。


野球は自分一人の力ではできません。プロ野球選手は、大勢の人のサポートがあって初めて成り立つ職業です。成果をあげた時、「全部俺の手柄だ」という顔をしていたら、みんな離れていきます。

どんな仕事でもサポートをしてくれる人が必ずいます。完全に一人きりでできる仕事などほとんどありません。いい仕事をするには、サポートしてくれる人たちの協力が欠かせません。だから感謝を忘れてはいけないのです。

プロ野球を引退してからは、人間関係や人のつながりが非常に大事だとあらためて感じました。野球をやっている時は、野球で活躍すればチームに貢献することができます。しかし、プロ野球選手の場合、野球以外の世界では、自分がいくら活躍したいと思っても、まず人とのつながりがなければ活躍の場さえ得られません。今、現役の選手は、まだそんなことまで考えられないかもしれませんが、人は急には変われないので、早めに気づいて考えておいたほうがいいと思います。

野村克也さんがよく「野球人である前に社会人であれ」「一人の人間として大切にしなければならないことがたくさんある」とおっしゃっていました。本当にその通りだと思いますし、とても大事なことだと思います。

成功した時こそ、日頃から支えてくれている人たちのおかげでいい結果が出せたと謙虚な気持ちを持っていたいものです。野球に限らず、いい仕事をするには、たくさんの支えが必要だということを忘れないでください。

何もやらずに良くはならない。有意義な人生を送るための習慣とは

たった一度の人生を有意義に送るためには、何が大切でしょうか。

今よりいい人生を送りたいと思ったら、今までと違うことを頑張る必要があると思います。何もやらずに、急に人生が良くなることはありません。

意識して、自分の決めたことをコツコツとやり抜く習慣をつけてみるのもいいと思います。簡単なことでいいのです。朝起きて決めたことを1つ実行するのでもいいと思います。

会社に行く準備をしている時、「ああ、イヤだなぁ」と思いながらするのではなく、「今日はこういうことをしよう」とか「昨日はこういうことで上司に怒られたから、

今日はこういうことを注意してやろう」と考えて、それを実行してみる。

現役を引退してからビジネス書を読んだり、企業の方とお会いしたりする機会が増えましたが、成功した人の言葉はとても参考になります。

成功している方たちの言っていることは、ほとんど共通していました。

まず、「諦めずに頑張ること」。

そして、「感謝の気持ちを持つこと」。

最後に、「素直な心でいること」。

この3つに集約されているといってもいいでしょう。


ただ、「諦めずに頑張ること」といっても、会社勤めのサラリーマンの方の中にはピンと来ない人もいるかもしれません。朝起きて、いつものように会社に行き、上司に怒られたり、イヤミを言われたりして、疲れて帰ってくる。これを毎日繰り返してしまう人も多いと思います。

まず、自分が変わりたいと思うことが大切です。毎日同じことを繰り返すのではなく、会社で嫌な目に遭わないためにはどうすればいいのか。そのことを考えないといけません。

怒られてしまう人には、何か原因があるはずです。しかし、その原因を解明しないで放置しておくと、ずっと怒られ続けることになります。何か怒られた時に、「上司が悪い」と思っているようでは、絶対に何も変わりません。そのうちに自分を変える気力も失ってしまいます。

「どうすれば怒られないようになるのか」「どうすれば褒められるようになるのか」を考えるようになれば、その日の行動は昨日までのものとまったく変わるはずです。

自分の何が悪かったのか、少し考える習慣をつけてみてください。

幸せとは誰かのために生きること

現役の時は、もちろん、勝つこと、優勝することが幸せでした。自分が打って、お客さんに喜んでもらえることが何よりもうれしかったです。

中には私のことを見に来てくれているお客さんがいるかもしれない——そう思うと、つらい時でも頑張ることができました。一年に1回しか試合を見に来ない人、めったに試合を見に来られない人もいます。そういう人たちの中に、私の出場を楽しみにしてくれている人がいるかもしれないと思うと、絶対に試合は休めませんでしたし、なんとか試合に出て期待に応えたいと思っていました。

野球の試合がない時でも、たまたま会った人に「いつも応援しています」と言われることもありました。そんな時は「人に夢を与える仕事をしているんだな」と幸せを感じていました。

22年間と長く野球をやらせてもらい、引退後も試合の解説や講演など、野球に関わる仕事をさせてもらっています。野球選手ではなくなりましたが、今も仕事を通して一人でも多くの人に喜んでもらいたいという思いは変わりません。

私に会って喜んでくれる人がいれば、それだけで私もうれしいですし、サインを書いて喜んでもらえるなら、それもうれしい。どんな形であれ、一人でも多くの人に喜んでもらえるようなことをこれからもしていきたいと思います。

どんな職業の人でも、身近な人やまわりの人を喜ばせよう、誰かのためになる仕事をしようと思うことは、とても大切なことです。まわりの人に親切にされたらうれしいように、どんな人でも喜んでくれる人は身近にいるのではないでしょうか。家族、子ども、仕事の仲間、お客さん、そういう身近な人のためにできることをしていくことが大切だと思います。

プロ野球を引退して早くも10年が経ち、私も50歳になりました。最近は好きなゴルフをいつまで続けられるか、元気に旅行に行きたいと思えるのはいつ頃までなのか、などと考えるようになりました。若い時にはまだまだ先があると思ってそんなことは考えませんでしたが、今は残りの人生を考え、一日一日を大切に過ごしたいと思っています。

私には、もう一度ユニフォームを着たいという夢があります。
プロ野球の監督として勝負を挑みたい。
そう強く思っています。

その時が来るまで、今できることを精一杯頑張っていきたいと思います。そしてその時が来たら、現役時代と同じように多くの人に喜んでもらいたい。そうなれば、これ以上の幸せはありません。

おわりに

２０１９年の１月15日、野球殿堂の競技者表彰プレーヤーズ部門で選出していただきました。

これまでたくさんの素晴らしい先輩方が選ばれている野球殿堂に、私のような若輩者が入っていいのだろうかと戸惑いもありましたが、日本野球の発展に貢献した人を称えるこのような栄誉をいただけて本当に夢のようです。

昨年12月には名古屋市内のホテルで野球殿堂を祝う会を開いていただきました。多くの方々にご出席いただいたその場所で、私はあらためて感謝の気持ちを伝えました。

野球を始めた子どもの頃から、私は出会いに恵まれていました。

星野仙一監督、高木守道監督、山田久志監督、落合博満監督。プロ野球の世界に入ってお世話になった４人の監督には大変感謝しています。

星野仙一監督には厳しく指導されましたが、プロの厳しさと勝利への執念を教えていただきました。落合博満監督には、新たな野球観を培うきっかけをもらい、人間的にも成長させていただきました。

2009年に引退して10年。節目の年に野球殿堂入りという栄誉をいただきあらためて、コーチ、スタッフ、一緒に戦った仲間たち、そして何よりずっと応援してくださったファンのみなさまに、感謝の気持ちを伝えたいと思います。本当にありがとうございました。

選手として、引退してからは外から、野球を通してさまざまなことを学びました。礼儀の大切さ、仲間の大切さ、準備の大切さ、勝つことへの飽くなき執念、そして何より「人間性」の大切さ。

私が学んできたことを、機会があればいろいろな形で若い人たちに伝えていきたいですし、少しでも野球界に貢献できるように頑張っていきたいと思います。

そして、私の夢――。

もう一度、ユニフォームを着て戦いたい。その日が来るまで、しっかり勉強し、準備し続けたいと思います。

立浪和義

立浪和義　年度別成績

年度	所属球団	打率	試合	打数	安打	二塁打	三塁打	本塁打	打点	四球	三振	監督
1988	中日	.223	110	336	75	15	1	4	18	42	53	星野仙一
1989	中日	.235	30	85	20	6	1	2	8	10	10	星野仙一
1990	中日	.303	128	511	155	33	6	11	45	60	61	星野仙一
1991	中日	.290	131	520	151	35	2	10	45	74	69	星野仙一
1992	中日	.301	98	379	114	16	4	5	42	51	52	高木守道
1993	中日	.286	128	500	143	18	3	16	50	70	51	高木守道
1994	中日	.274	129	489	134	27	1	10	53	83	50	高木守道
1995	中日	.301	126	489	147	25	1	11	53	59	46	高木守道
1996	中日	.323	130	511	165	39	2	10	62	69	57	星野仙一
1997	中日	.269	133	495	133	24	3	14	55	77	42	星野仙一
1998	中日	.272	134	504	137	24	1	8	43	74	60	星野仙一
1999	中日	.266	123	417	111	32	1	4	53	51	44	星野仙一
2000	中日	.303	126	436	132	30	3	9	58	46	43	星野仙一
2001	中日	.292	139	507	148	30	2	9	65	54	54	星野仙一
2002	中日	.302	137	506	153	34	2	16	92	45	55	山田久志
2003	中日	.280	135	500	140	28	2	13	80	52	72	山田久志
2004	中日	.308	134	523	161	25	0	5	70	45	52	落合博満
2005	中日	.253	138	501	127	25	1	9	56	68	76	落合博満
2006	中日	.263	113	259	68	10	1	1	31	17	28	落合博満
2007	中日	.275	101	109	30	2	1	2	31	16	14	落合博満
2008	中日	.205	86	73	15	4	0	1	10	11	11	落合博満
2009	中日	.318	77	66	21	5	0	1	17	12	7	落合博満
通算		.285	2586	8716	2480	487	38	171	1037	1086	1007	

立浪和義

Kazuyoshi Tatsunami

1969年8月19日生まれ、大阪府摂津市出身。87年PL学園高等学校の主将として甲子園春夏連覇を果たす。同年ドラフト1位で中日に入団。1年目に開幕戦から先発出場し、レギュラーとして活躍。新人王(高卒1年目の受賞はセ・リーグの野手初)とゴールデングラブ賞(高卒新人としては初)を受賞。その後もチームの中心選手として活躍し「ミスタードラゴンズ」と呼ばれる。2003年には通算2000安打を達成。07年オフより打撃コーチを兼任、09年に引退。13年に第3回WBC日本代表の打撃コーチを務める。19年、野球殿堂入り。引退後は野球解説者として活躍している。

通算成績は、2586試合出場、打率.285、2480安打、171本塁打、1037打点。487二塁打は日本プロ野球記録。ベストナイン2回、ゴールデングラブ賞5回受賞。中日ドラゴンズ一筋22年(1988～2009年)。現役時代の背番号は3。著書に『打撃力アップの極意』『野球センスの極意』『二遊間の極意』『長打力を高める極意』『攻撃的守備の極意』(以上、廣済堂出版)、『負けん気』(文芸社)などがある。

勝負の心得

2020年3月 4 日　第1刷発行
2020年4月16日　第2刷発行

著者　立浪和義
協力　株式会社日本スポーツエージェント
構成　大山くまお・前田康匡
撮影　元田喜伸［産業編集センター］
装丁　金井久幸［TwoThree］
校正　株式会社聚珍社
編集　前田康匡［産業編集センター］
発行　株式会社産業編集センター
〒112-0011東京都文京区千石4丁目39番17号
TEL 03-5395-6133　FAX 03-5395-5320

印刷・製本　萩原印刷株式会社

ISBN 978-4-86311-257-5　C0075